2020
세계를 품다

GLOBAL LEADERS

2020
세계를
품다

글로벌 리더 선정자 15인 지음

매일경제신문사

매경미디어그룹 회장
장대환

먼저 '2020 대한민국 글로벌 리더' 수상자로 선정되신 기업 및 기관 대표자 여러분께 진심으로 축하의 말씀 드립니다.

매경미디어그룹은 자유시상성제의 주춧돌로서 ⏌ 역할을 다하고 있는 최고의 명품미디어입니다. 저희는 훌륭한 기업들을 발굴하고, 일으켜 세우고, 키워서, 대한민국이 더욱 부강해지도록 하는 것을 사명으로 하고 있습니다. 이러한 노력의 일환으로 매년 '대한민국 글로벌 리더'를 선정하고 있습니다. 이를 통해 대한민국 경제 발전을 위해 기여하고 계신 우리나라 최고의 리더들을 세상에 알리고 그분들의 살아 있는 경영 스토리를 널리 전파하려 합니다.

올해 2020년 경자년庚子年은 풍요의 상징인 흰 쥐의 해입니다. 그러나 최근 코로나19 여파로 대한민국을 비롯한 전 세계 경제에 어두운 먹구름이 끼어 있습니다. 매일경제신문이 올해 슬로건으로 꺼

내든 '경제가 먼저다'는 이처럼 힘든 상황을 암시한 것일지도 모르겠습니다. 경제가 살아야 나라가 잘된다는 당연한 논리가 사회 전반에 걸쳐 잘 적용됐으면 합니다.

지금처럼 어려운 시기, 대한민국 경제를 뛰어넘어 세계 경제를 책임질 기업 및 단체의 경영자 분들의 업적을 널리 알릴 수 있다는 것에 큰 위안이 됩니다.

'2020 대한민국 글로벌 리더'로 선정된 수상자들의 면면을 살펴보면, 힘든 시기를 혁신적이고 창조적인 방법으로 꿋꿋이 이겨냈을 뿐 아니라 조직을 계속 성장 발전시켜 글로벌 리더의 자격을 갖추셨습니다. 여러분은 남들보다 한 발 앞서 미래를 내다보는 혜안과 냉철한 판단력으로 새로운 시장을 만들고 끊임없이 일자리를 창출하고 있습니다. 이 같은 리더가 늘어나야만 지금 대한민국 경제가 처한 위기를 헤쳐 나갈 수 있습니다.

글로벌 리더 여러분께서는 앞으로도 창조적인 마인드와 미래를 꿰뚫는 통찰력으로 우리 기업을 세계 속에 우뚝 세워주시길 당부드립니다. 대한민국을 지금보다 더 나은 국가, 국민이 행복한 국가로 만드는 데 앞장서주시길 바랍니다.

다시 한 번 2020 글로벌 리더로 선정되신 여러분께 축하의 말씀 드립니다.

CONTENTS

GLOBAL LEADERS

회장
강성희

캐리어에어컨㈜

학력

1981	한양대학교 문과대 졸업
1982	고려대학교 경영대학원 수료

경력

2020~(現)	한국냉동공조산업협회 회장
2020~(現)	중견기업연합회 부회장
2019~(現)	사단법인 표준인증안전학회 특별자문
2018~(現)	보치아국제스포츠연맹BISFed 이사
2015~(現)	대한장애인보치아연맹 회장
2013~2018	사단법인 표준인증안전학회 부회장
2011~2020	한국냉동공조산업협회 부회장
2008~2012	사단법인 한국자동차제작자협회 회장

상훈

2019	2019 체육훈장 '기린장' 수훈
2019	제22회 에너지 위너상 녹색기기 부문(산업통상자원부/소비자시민모임) – 11년 연속 수상
2019	2019 대한민국 글로벌리더 선정(매경미디어그룹) – 7년 연속 수상
2017	제11회 EY 한영 최우수기업가상 산업 부문 수상
2016	대한민국 녹색경영대상 종합대상(대통령 표창)
2013	산업통상자원부장관 표창장(산업통상자원부장관)
2010	자랑스런 한국인대상 수상(기술혁신 부문)
2008	은탑산업훈장 수훈
2005	대통령상 수상(신기술 실용화 부문)

혁신, 한 번도 가보지 않은 영역을 가는 것

강성희 캐리어에어컨 회장은 2011년 캐리어에어컨을 가족으로 맞이한 이후 매출액 1조를 달성하며 지속적인 성장을 이끌어왔다. 이와 같은 고도 성장을 이룩할 수 있었던 요인은 강성희 회장의 기업가 정신과 경영 방침이 기업을 꾸준히 혁신시키는 성장의 원동력으로 작용했기 때문이다.

캐리어에어컨에는 구체적인 회사 운영 전략이 있다. 이른바 강성희 회장의 '30·30·30' 전략이다. 이는 매년 30%의 신상품 개발 출시, 매년 30%의 조직·시스템·서비스 등 전 분야 혁신, 전년 대비 30% 성장을 추구하는 전략이다. 이러한 구체적인 목표는 임직원들과 함께 지속 성장 가능한 회사로 만들기 위해 제시하는 것이다.

캐리어에어컨은 장기적인 관점에서 당장의 이익보다는 고객과 기업의 궁극적인 이익을 고민해왔다. 이것이 캐리어에어컨이 미래를 만들어온 방법이다. 캐리어에어컨은 118년 동안 '미래'라는 백지에 그린 청사진을 현실화시키는 성과를 꾸준히 달성해왔다. 그 결과 캐리어에어컨은 오랜 시간 에어컨을 연구하면서 축적한 냉난방 공조 기술과 공기에 대한 전문 기술 노하우를 바탕으로 에어컨, 공기청정기, 의류건조기 등 에어케어_{Air Care} 전문 가전 출시를 확대하며 공기에 차별화된 전문성을 가진 에어솔루션 전문 기업으로 거듭나고 있다. 강성희 회장은 보다 많은 이들이 청정한 실내 환경을 누릴 수 있도록 돕기 위해 앞으로도 장기적인 관점에서 생각하고, 선택하고, 성장하기 위해 더욱더 집중할 것이라고 전했다.

캐리어에어컨은 창립 초기부터 장기적인 관점에서 미래를 바라보고 생각하는 기업 운영 방식을 고집해왔다. 이는 캐리어에어컨이 고객과 기업 모두의 이익을 중요하게 여긴다는 것을 의미한다. 일부 기업이 당장의 분기 실적과 월 목표 달성을 중요시하는 것과는 분명하게 차별화되는 부분이다.

실제로 캐리어에어컨은 세상에 없던 새로운 가치를 창조하기 위해 지금까지 총 1,500억 원 이상을 연구 개발에 과감하게 투자하며 혁신의 속도를 높였다. 캐리어에어컨은 이러한 투자를 통해 가정용에서 상업용, 산업용에 이르기까지 공조 부문의 전 제품 라인업을 구축해 대한민국을 넘어 글로벌 시장까지 빠르게 위상을 높였다.

또한 캐리어에어컨은 2019년 국내 에어컨 제조사 BIG 3 중 최초로 자체 렌탈 서비스 사업을 시작했다. 캐리어에어컨은

더 프리미엄The Premium AI 에어로 18단 에어컨

인버터 에어컨과 냉난방기, 공기청정기, 의류건조기 등의 전문 가전 렌탈을 시작으로 향후에는 헬스케어Health Care 전문 가전까지 렌탈 제품 라인업을 확대해 비즈니스의 영역을 확장해갈 계획이다. 뿐만 아니라 캐리어에어컨은 신제품 출시에도 박차를 가하고 있다. 각 계열사의 핵심 기술이 모이는 허브Hub

인 오텍그룹 R&D센터를 중심으로 혁신 기술 및 제품 개발의 속도를 높여 다양한 전문 가전을 출시하고 있다.

캐리어에어컨은 각종 바이러스를 억제할 수 있는 '나노이 nanoe™ 기술'을 적용한 '캐리어 클라윈드 공기청정기(프리미엄 모델), '더 프리미엄The Premium AI 에어로 18단 에어컨' 등을 선보이며 전문 가전 제품 시장을 선도하고 있다.

캐리어에어컨 제품에 적용된 '나노이 기술'은 바이러스를 억제하고 제균 및 탈취를 실현하기 위해 새롭게 도입한 기술이다. 물 분자 10억 분의 1 크기인 나노이 입자를 공기 중에 분사하여 각종 세균과 바이러스에 침투시켜 비활성화함으로써 공기 중의 유해물질과 바이러스를 억제하는 기술이다. 물에 포함된 미립자 이온 수분으로 만들어지기 때문에 안전하며, 공기 중의 바이러스균과 가스 등을 효과적으로 억제함으로써 강력한 제균 및 탈취 성능을 발휘하는 것이 특징이다.

캐리어에어컨의 '더 프리미엄The Premium AI 에어로 18단 에어컨'에 적용된 '인공지능 나노이 파워 청정' 기능은 프리 필터, 헤파 필터, 탈취 필터에 '나노이 기술'까지 더해져 0.3마이크로미터μm 크기의 초미세먼지를 99.95% 제거할 뿐 아니라 대장균, 폐렴균, 황색 포도상구균, 녹농균 등 4대 유해균을 99.9%

캐리어 클라윈드 공기청정기

억제하고 유해 가스를 88% 제거해준다. 지금까지 여름 가전으로 인식되어 왔던 에어컨을 냉방 외에도 난방, 공기청정, 제습 등과 같은 다양한 기능을 추가하면서 사계절 내내 사용할 수 있는 가전제품으로 인식시키고 있다.

강성희 회장은 고객 만족을 최우선으로 혁신 기술을 도모하며 기업을 경영해왔다. 이번 코로나19 사태에도 캐리어에어컨은 고객들이 겪는 아픔을 함께 공유하는 동시에 캐리어에어컨의 기술과 네트워크, 인프라 혁신을 통해 위기를 이겨내겠다는 의지를 다지며 다양한 방식의 후원을 신속하게 진행한 바 있다.

강성희 회장은 "혁신은 한 번도 가보지 않은 영역을 가는 것이다. 하지만 어제 없었던 길은 아니다. 길이 있었지만, 관심이 없어 보지 못했을 뿐"이라며 "매일 초심을 다지고 장기적인 관점으로 세계 경제 위기를 극복하기 위해 다양한 방법을 시도하면서 혁신을 완수하겠다"고 덧붙였다.

캐리어에어컨, 개방과 협력, 상생으로 사업 확대

캐리어에어컨은 신성장 동력 사업인 IBS_{Intelligent Building Solution}로 사업을 확장했다. IBS는 냉난방·공조·엘리베이터·보안·조명 등 빌딩 내 모든 설비를 건물 구조에 맞게 설계해 최대한 낮은 전력으로 높은 효율을 이끌어내어 전력 통합 관리를 가능하게 하는 스마트 빌딩 솔루션이다.

이렇게 사업을 확장할 수 있었던 이유는 캐리어에어컨이 개방과 협력, 상생의 경영 방침에 따라 세계적인 글로벌 공조 시스템 기업인 UTC와 기술 공유를 통해 '어드반텍_{AdvanTEC}*' 알고리즘을 도입했기 때문이다.

우리나라에는 국내 초고층 랜드마크로 자리잡은 서울 여

---

* 건물의 종류와 특성에 따라 실내를 쾌적하게 유지하면서 에너지는 효과적으로 절감하는 스마트 기술

서울 IFC몰에 설치된 '캐리어 초대형 공기청정기'의 모습

의도 IFC빌딩에 처음 적용해 획기적인 에너지 절감 효과를 창출한 바 있으며, IFC빌딩 성공 사례를 바탕으로 국내 유수의 호텔 및 기업체에 비즈니스를 확대해가고 있다.

또한 국내 대형 엔지니어링 및 건설사와 협력해 해외 현지 공장에 캐리어의 냉동기 등 IBS 제품을 공급하고 설치하는 형태로 중국, 중동 등 해외 시장을 개척하고 있다.

특히 모든 산업이 융복합되는 시대를 맞아 모회사인 ㈜오텍을 비롯해 캐리어에어컨, 캐리어냉장, 오텍오티스파킹시스템 등 오텍그룹의 그룹사 간 핵심 기술 및 우수 인력의 교류를 강화하고, 인공지능AI, 사물인터넷IoT 등으로 대표되는 차세대 신기술을 전 제품 라인업에 적용해 시너지를 확대하고 있다.

최근 온라인과 오프라인 간의 경계가 사라지고 하나가 되는 '온라이프Onlife' 시대가 도래함에 따라 새로운 비즈니스 모델을 창출할 수 있는 다양한 패러다임 전환을 추구하는 동시에 디자인 혁신 및 차세대 신기술 개발에 집중하며 기업 경쟁력을 강화하고 있다.

세상과 발맞춰 성장하고 함께 위기를 극복하는 기업

강성희 캐리어에어컨 회장은 맹목적인 성장보다는 지역사회와 상생하며 소외된 이웃에게 따뜻한 희망을 주는 '글로벌 일류 모범 기업'을 지향한다.

캐리어에어컨 임직원 또한 이번 코로나19 사태에서 사회 동반 성장과 위기 극복을 위한 모범을 보여야 한다는 데 뜻을 모았다. 이에 지난 3월 11일 사회복지공동모금회를 통해 대구·경북의 의료진과 환자를 위해 음압병동, 응급실 308곳에 1억 5,000만 원 상당의 '캐리어 클라윈드 공기청정기'를 후원했다. 이 지역의 캐리어에어컨 전문점에는 한 달간 대금 결제 유예를 확정하며 도움의 손길도 내밀었다. 특히 이동이 자유

강성희 오텍그룹 회장 2019년 '평창동계올림픽 및 장애인 올림픽' 유공자로 대통령 훈장 '기린장' 수훈

롭지 못한 장애인과 캐리어에어컨 전문점 직원들을 위해 마스크 9,000장을 긴급 지원하기도 했다.

한편 모회사 ㈜오텍은 장애인의 이동 편의 증진을 위한 특수 목적 차량을 생산하는 만큼 오랜 시간 장애인에 관심을 갖고 후원해오고 있다.

2018년에는 평창 동계올림픽 및 패럴림픽 조직위원회와 '교통 약자의 안전하고 편리한 수송을 위한 MOU'를 체결하고,

대회 유치부터 폐막까지 장애인 등 교통 약자의 수송 역할을 자처하며 국제 행사의 성공적인 진행을 도왔다.

개막 전 열린 성화 봉송 기간 총 108일 동안 300여 명의 성화 봉송 주자에게 이동 편의를 지원했으며, 대회 기간 중에는 300여 명의 운전자에게 차량 점검 및 교육을 지원하는 등 안전 수송을 위한 다양한 서비스도 제공했다. 그 결과 강성희 회장은 2019년 9월, '2018년 평창 동계올림픽 및 패럴림픽' 성공 개최의 공로를 인정받아 유공자 포상으로 대통령 훈장 기린상을 수상하기도 했다.

강성희 회장은 뇌성마비 장애인을 위해 고안된 특수 구기 종목인 '보치아'와 보치아 국가대표팀도 2009년부터 10여 년 이상 후원하고 있다. '2012 런던 장애인 올림픽', '2016 리우 장애인 올림픽' 개최 당시 보치아 국가대표 선수단을 지원해 올림픽 8연패를 달성하는 데 일조했으며, 보치아 저변 확대를 위한 다양한 활동도 전개하고 있다. 강성희 회장은 보치아 발전에 기여한 공로를 인정받아 2015년부터 4·5대 대한장애인보치아연맹 회장을 역임하고 있다. 또한 장애인과 비장애인이 함께 참여할 수 있는 국내 대회를 다수 개최한 바 있으며, 국내 선수들에게 다양한 기회를 제공하기 위해 국제 대회를 유치하는 데도 힘쓰고 있다.

2015년 서울에서 열린 보치아 세계 대회 '2015 보치아 서울국제오픈'이 대표적인 사례로, 이 대회는 아시아에서 열린 최초의 보치아 세계 대회였다. 또한 강 회장은 전국 17개 시도에서 장애인과 비장애인 320여 명이 참가한 '전국 보치아 어울림 대회'를 개최하는 등 보치아의 저변 확대와 생활 체육화를 도모하는 다양한 노력을 기울이고 있다. 2019년 7월에는 서울에서 열린 '2019 서울 보치아 아시아-오세아니아 선수권 대회'를 개최한 바 있다.

강성희 회장은 캐리어에어컨이 글로벌 기업으로 도약하고 있는 만큼 사회 공헌 활동의 규모와 분야도 점차 키워나간다는 계획이다.

대표이사
강태식

대림바스

욕실을 방으로 변화시킨 공간 혁신 기업, 대림바스

'1평을 위한 100가지 고민'으로 새로운 시장을 개척해 현대인의 삶을 변화시킨 기업이 있다. 바로 대한민국 욕실 문화를 선도해온 국내 최고의 욕실 전문 기업 '대림바스'다. 1966년 정부투자법인 '요업센터' 설립으로부터 시작된 대림바스는 우수한 기술력과 디자인으로 한국인의 생활 습관에 맞는 제품과 서비스를 개발하며 대한민국 욕실의 역사와 함께했다.

대림바스의 역사는 모든 것이 최초의 연속이다. 국내 최초로 양변기를 출시해 집 밖에 있던 화장실을 집 안으로 들여왔고, 한국인의 체형에 최적화된 시트 디자인을 개발해 앉았을 때 편리한 제품을 만들었다. 또 국과 찌개, 채소 섭취가 많은 한국인의 식습관을 고려해 수세 기능을 강화했으며, 아파트에 적합하도록 소음을 크게 줄였다. 1992년 첫 선을 보인 '원피스 사이폰 제트 양변기'는 혁신적인 디자인과 뛰어난 수세 성능으로 현재까지도 고급형 주택에서 가장 많이 쓰이고 있는 위생도기이다.

대림바스는 국내 최대의 연구 개발 인프라를 바탕으로 약 45%의 절수 효과를 가진 '절수형 양변기'를 개발했으며, 물을

경남 창원 공장 전경

쓰지 않는 친환경 워터 프리Water-Free 소변기와 물 넘침 방지 장치, 친환경 항균 처리 기술도 개발해 규모 면에서만 1위가 아니라 자연과 사람을 생각하는 올바른 1위 기업으로 성장했다.

2008년에는 인체 감지 센서로 손을 대지 않고도 편하게 볼 일을 볼 수 있는 프리미엄 일체형 비데 '스마트렛Smartlet'을 개발해 욕실의 새로운 기준을 만들었으며, 2010년에는 사업 영역을 위생도기 위주에서 수전금구, 인테리어 영역으로 확대해 단품이 아닌 '욕실 공간'을 리모델링하는 기업으로 성장했다.

그리고 2018년에는 지금까지 쌓아왔던 모든 역량과 노하우를 바탕으로 욕실, 주방, 도어, 마루, 붙박이장까지 취급하는 토탈 홈 인테리어 브랜드 '대림 디움'을 론칭해 소비자의 라이프 스타일에 맞는 공간을 제안하며 끊임없이 혁신하고 있다.

욕실은 가장 아름다운 방

대림바스의 강태식 대표이사는 1987년 대림요업㈜(현 대림바스)의 회계 파트 신입사원으로 입사해 위생도기 영업본부장, 마케팅본부장을 거쳐 2008년 대표이사 자리까지 오른 입지전적인 인물로 국내외 위생도기 및 인테리어 분야에서 30년 이상을 매진한 최고 전문가다. 특히 10년 가까이 영업 현장을 누비며 쌓은 해박한 지식으로 시야를 확장하는 경영인이다.

그는 '욕실은 가장 아름다운 방이어야 한다'는 경영철학을 바탕으로 욕실에 대한 인식을 변화시켜왔다. 즉 소외된 공간이 아닌 주거 공간의 중심이자 휴식과 재충전을 할 수 있는 힐링의 공간으로 그 의미를 확대시켰다.

대림바스는 소비자들이 욕실에서 용변을 보고 씻기만 하는 것이 아니라 때로는 아무것도 하지 않고 휴식을 취하거나 혼자만의 시간을 보낸다는 사실에 주목했다. 또한 욕실은 아

논현 쇼룸 전경 이미지

이가 생겼다는 사실을 처음 알게 되는 공간이며, 아무것도 꾸미지 않은 있는 그대로의 자연스러운 모습을 드러내는 공간이기 때문에 깨끗함을 넘어 편안함과 안정감을 제공해야 한다고 판단했다.

대림바스는 이러한 고민을 바탕으로 현대인의 라이프 스타일을 반영한 감각적인 제품들을 선보였고, 욕실업계 최다·최고 수준의 욕실 리모델링 세트 라인업을 갖추게 되었다. 뿐만 아니라 시공에 대한 자신감을 바탕으로 업계 최초 3년 무상 A/S 서비스를 시행해, 국내 1위 욕실 기업으로써의 책임감을 드러내며 고객 만족도를 높이고 있다.

대림바스는 고객과의 스킨십을 강화하고, 직접적인 경험을 제공하기 위해 논현동과 중곡동에 직영 쇼룸을 오픈했다. 쇼룸에서는 실제 가정처럼 시공된 리모델링 패키지를 직접 확인해볼 수 있으며 일체형 비데, 초슬림 세면기, 기능성 수전 같은 욕실 단품류도 만날 수 있다. 또한 소비자 취향에 맞는 욕실을 설계할 수 있도록 상담 서비스도 운영하며 고객과의 접점을 늘리고 있다.

이렇듯 우수한 제품력과 서비스, 고객과의 적극적인 소통을 바탕으로 대림바스는 2020년 한국산업 브랜드 파워에서 욕실 리모델링 서비스 부문 4년 연속 1위를 달성했으며, 위생도기 시장 점유율 1위도 놓치지 않고 있다.

업계 최고의 기업, 대림바스

대림바스의 첫 번째 강점은 고객에 대한 이해를 바탕으로 차별화된 디자인을 선보인다는 점이다. 편안한 욕실 공간을 선사하기 위해 시각적으로 안정을 줄 수 있는 디자인을 추구하며, 신체 구조와 사용 패턴을 고려해 가장 편리한 디자인을 구현한다.

2018 굿디자인 & 핀업디자인 어워드 수상 참고 이미지

대림바스는 업계 최다·최고 수준의 디자인 인력과 약 350여 개의 디자인 특허를 보유하고 있으며, 60여 개의 국내 어워드는 물론 중국 레드스타, 호주 디자인 어워드AIDA, 호주 국제디자인 어워드GDA 등에서 다수의 상을 수상하며 업계 최고의 디자인 실력을 입증한 바 있다.

크리스탈 스톤을 모티브로 제작한 남성 소변기 'CU-750'은

스마트렛 800

기하학적인 조형미와 세련된 디자인을 인정받은 제품이다. 소변기 내부에 비스듬한 경사를 적용해 소변이 튀는 현상을 방지했으며, 소변이 도기에 닿았을 때 스프레더가 작동하는 히든 센서 기술을 적용해 위생성을 한층 강화했다.

　피사의 사탑을 모티브로 제작한 '스마트렛 8000'은 직선적인 라인을 살린 조형미로 굿디자인에 선정된 제품이다. 인체감지 센서를 적용해 팔 스윙만으로 물 내림 기능을 실행할 수 있으며, 블루 조명을 통해 비데 유로, 노즐, 도기 3단계 자동 살균 기능을 시각적으로 확인할 수 있다.

　또한 대림바스는 천편일률적인 욕실 공간에서 벗어나 소비

내추럴 바움 욕실 리모델링 패키지

레이디 라이크 욕실 리모델링 패키지

자 라이프 스타일에 맞는 리모델링을 제안하기 위해 우드와 베이지 컬러로 자연 감성을 강조한 '내추럴 바움', 화사한 컬러로 감각적인 디자인을 느낄 수 있는 '레이디 라이크' 등 다양한 패키지를 출시하며 욕실업계의 트렌드를 이끌고 있다.

대림바스의 두 번째 강점은 오랜 역사를 통해 다져진 기술력이다. 안정적인 생산 능력을 보유한 창원·제천 공장에서 대한민국 제조 명장으로 인정받은 도자기·도기 관련 장인들과 함께하며 과학 기술과 도기 예술이 어우러진 고품질 제품을 생산하고 있다.

위생도기업계 최초라는 수식어를 유지하기 위해서는 무엇보다 정확한 공정이 중요하다. 대림바스는 이를 위해 최소 2년 이상의 경력을 가진 숙련된 전문 인력을 성형 과정에 배치해 눈으로 잘 보이지 않을 만큼 가는 금이 간 불량품까지 찾아낼 정도로 세밀하게 검사한다.

대림바스의 도기들은 수면의 깊이와 면적을 과학적으로 연구해 냄새나 물 튐 현상이 현저히 적다. 또한 물 넘침 방지 장치와 친환경 수로를 적용해 조용하고 편안한 수세가 가능하다.

1966년 창립 이래 수세 성능 및 절수 기능 향상을 위한 연구 개발에 전력해온 대림바스는 세계 최고의 첨단 수세 시스템인 '제트 테크놀로지ZZet Technology'를 개발했다. 분사 펌프 방식을 적용해 낮은 수압에서도 완벽한 세정이 가능한 이 기술은 1회 6ℓ의 물만으로 수세가 가능해 물 사용량을 45% 가량 줄일 수 있다.

또한 도기 표면에 나노 입자 유약을 한 번 더 도포해 물때나 오물이 잘 묻지 않게 하는 표면 처리 기술과 박테리아를 99% 이상 박멸해주는 방오 코팅 기술 등 위생적이고 청결한 도기 생산을 위한 연구를 끊임없이 이어오고 있다.

대림바스는 55년간 욕실을 시공하며 쌓은 수많은 노하우를 바탕으로 토탈 홈 인테리어 시장에서 경쟁력을 강화하고 있다. 물과 전기를 쓰는 공간이라는 공통점을 지닌 욕실과 주방에서 '물과 전기를 다루는 전문가'로서 대림바스만의 경쟁력을 내세운다는 전략이다.

대림바스는 55년 업력을 기반으로 타일을 시공하며, 직접 제조한 고품질의 주방 가구와 수전을 합리적인 가격으로 제공한다. 또한 시공 과정에서 생길 수 있는 다양한 문제에 대해서는 그동안 갈고닦은 욕실 전문가의 폭넓은 지식을 바탕으로 현장 상황에 맞게 시공을 진행하는 차별화된 서비스를 제공한다.

공간에 대한 이해와 시공 전문성을 바탕으로 그동안의 노하우를 모두 쏟아부으며 홈 인테리어 시장으로 도약하고 있는 대림바스는 점점 확장되고 있는 리모델링 시장에서 토탈 홈 인테리어 브랜드 '대림 디움'으로 우위를 차지해 대한민국 대표 기업이 되겠다는 목표를 다지고 있다.

세계로 뻗어가는 대림바스

대림바스의 포부는 세계 시장으로도 이어지고 있다. 대림바스는 글로벌 기업으로 도약하기 위해 글로벌 브랜드 'FULEN'을 론칭했다. FULEN은 프리미엄을 지향하는 소비자를 위한 브랜드로, 20대 후반에서 40대 초반까지의 젊은 고객을 타깃으로 심플하고 모던한 디자인과 합리적인 가격대의 제품을 선보이고 있다.

대림바스는 2009년 해외 사업부를 본격 출범한 이래 시카고, 상하이 등 해외 유명 욕실 전시회에 참가하며 한국 욕실의 앞선 트렌드를 해외 시장에 선보였다. 2010년부터 2012년까지 3년 연속 아시아 최대 규모의 '중국 국제 주방·욕실 설비 전시회Kitchen & Bath China에 참가하며 프리미엄 일체형 비데와

절수형 양변기, 수전 및 샤워 시스템 등 수준 높은 욕실 제품을 선보였다.

그 후 중국 상해법인을 설립해 현지 시장 조사와 영업을 준비했고, 2016년부터 본격적인 영업 활동을 시작했다. 최근 중국 국민의 소득수준과 생활수준이 향상되면서 의식주 부문에 대한 소비 비중이 높아지는 추세에 발맞춰 중국 시장 공략에 박차를 가하고 있다.

대림바스가 중국 시장에서 주력하고 있는 제품은 프리미엄 일체형 비데. 해외 시장을 개척하기 위해 고품질과 디자인을 가진 제품 중에서도 대림바스의 기술이 집약된 '스마트렛' 일체형 비데를 대표 제품으로 내세웠다. 현재 온라인과 오프라인 등 주요 유통망을 확보하고 있는 단계이며 짧은 시간이지만 큰 성과를 보이고 있다.

대림바스는 국내에서 한국인의 체형과 생활 습관에 맞는 양변기를 개발한 것처럼 해외 시장에서도 각 나라의 실정에 맞는 양변기, 세면대 등을 제작하는 현지화 전략으로 성공을 이어갈 계획이다. 습식 위주인 중국의 욕실 환경을 고려해 물과 습기에 강한 재질로 디자인하고 있으며, 소지품이 젖지 않도록 보관할 수 있는 거울 선반을 달고, 물 청소가 용이하도록 세면대 하부장에 샤워기 호스를 다는 등 사용자 문화에 맞는 디자인을 제안하고 있다.

대림바스는 삶의 질을 높이기 위해 소비자 라이프 스타일에 맞는 제품과 서비스를 선보이며 진화를 거듭하고 있다. 지금 우리가 편하게 쉴 수 있는 욕실을 만들기까지 지난 55년간 오롯이 '공간'만을 고민해온 대림바스는 친환경, 절수, 디자인, 수세 능력 모든 면에서 세계 시장을 선도하는 글로벌 욕실 문화 기업이 되기 위해 나아가고 있다.

대표이사
김기영

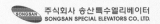

송산특수엘리베이터

학력

경희대학교 대학원 박사

경력

1994~현재 ㈜송산특수엘리베이터 대표이사

한국엘리베이터협회 회장(현재)

ISO 국제위원 엘리베이터 에스컬레이터 TC178 WG10(현재)

산업통상자원부, 행정안전부 전문위원(현재),

한국승강기안전공단 전문위원(현재), 서울메트로 기술위원(현재)

베르아델승마클럽㈜ 대표이사(현재)

경희대학교 겸임교수(현재)

한미기술협력위원회 수직교통위원장

Otis Elevator R&D Director

상훈

1999	대통령 표창 신기술 실용화, 국무총리상 표창
1999	국내 최초 '기계실 없는 엘리베이터' 개발, 기술경쟁력우수기업 선정
2000	조달청 우수 제품 인증, 신기술 인증, 우수 품질 인증 획득
2003	INNO-BIZ 기술혁신기업 선정, 기술경쟁력 우수기업 선정
2004	서울 시장 표창, 경기도 중소기업 대상 수상
2006	국세청장 모범 납세자 표창
2007	세계 최초 아치형 엔트런스 엘리베이터 개발, 지식경제부장관 표창
2009	한국 서비스우수품질기업 인증 획득, MAIN-BIZ 기업 선정.
2010	세계 최초 고층빌딩 '피난용 엘리베이터 엑스베이터X-vator' 개발 특허 획득
2010	승강기 100주년 신기술 공모, '피난용 엘리베이터' 신기술 인정서 수상
2011	국무총리 표창
2012	국내 최초 클린 엘리베이터, 식품·반도체·의료시설용 개발 및 특허
2013	러시아 정부 승인 승강기 수출, '으뜸기업' 선정 중소기업진흥공단
2013	이란 테헤란 공항 승강기 공사 계약, 우수디자인 GD 마크 획득
2014	무역의 날 산업통상자원부 표창
2015	행복한 중기경영대상 수상, 유망 중소기업 선정
2016	세계 최초 골리앗 엘리베이터 개발
2017	IBK 패밀리 기업 선정, 참! 좋은 중소기업상 수상
2018	옥외 전천후 초대형 골리앗 엘리베이터 미국, 일본, 중국 등 특허 획득
2018	산업포장 수상, 천만 불 수출의 탑 수상
2019	세계 최초 화재 시 비상 구난용 엘리베이터 '엑스베이터' '골리앗 엘리베이터' 대한민국 정부 세계일류상품 인증
2020	국내 최초 테라스하우스, 경사형 엘리베이터 세계 최초 500인승·50톤 골리앗 엘리베이터 설치(삼성·LG·현대·러시아)

송산특수엘리베이터
SONGSAN SPECIAL ELEVATORS

세계에서 인정받는 기업, 송산특수엘리베이터

송산특수엘리베이터(이하 송산)는 1994년 설립 이후 26년간 승강기 기술 국산화와 세계 최초의 혁신적인 신기술 개발을 통해 해외 기술 의존도가 높은 수직교통 분야에서 대한민국을 대표하는 세계일류상품으로 인증받은 국내 우수 강소기업이다.

송산의 기술력으로 만들어진 세계 최초의 초대형 골리앗 엘리베이터와 화재 시 비상 구난용 엑스베이터는 삼성, LG, 현대 등 국내 대기업의 프로젝트에 설치되었을 뿐만 아니라 러시아, 중국, 인도 등에 수출되며 글로벌 시장에서 인정받고 있다.

세계 최초의 초대형(500인승, 50t) 엘리베이터인 '골리앗 엘리베이터'와 세계 최초로 개발된 고층건물 화재 시 인명 구출을 위한 비상 구난용 엘리베이터 '엑스베이터X-vator', 폭발 가스 속에서 운행하는 방폭형 엘리베이터 등은 세계적으로 원천 기술 경쟁력을 인정받고 있다. UAE 바라카 원전, 러시아 국영 광산 파사그로(지하 500m 세계 최초 지하 고심도 골리앗 엘리베이터), 모스크바 뉴타운 Mayak 프로젝트 엘리베이터, 인도 석유공사 등에 제품을 수출하며 시장을 확대하고 있다.

러시아 모스크바 뉴타운의 Mayak 프로젝트

송산의 김기영 대표는 고등학교 재학 시절부터 수직교통 공학 분야를 공부하기 시작해 평생 승강기 분야에 전념하고 있다. 11년간 세계 최대 엘리베이터 회사에서 R&D 이사로 역임한 이후 송산을 창업했으며, 독자적인 승강기 기술 개발과 승강기 산업의 주권을 찾기 위한 노고를 인정받아 2014년 한국엘리베이터협회 회장 및 ISO TC178 엘리베이터 국제위원으로 선임되어 현재까지 국내 승강기 산업 발전을 위해 힘쓰고 있다.

장애인용 특수 승강기를 개발하여 26년간 수입 승강기를 대체하고 있으며, 8년간 용산공고, 영등포공고, 인천기계공고 등 기능경진대회 수상자를 채용하여 승강기 산업의 후진 양성을 위해 노력했다. 뿐만 아니라 특수 승강기라면 대한민국의 송산을 떠올리는 글로벌 기업으로 만들기 위해 현재 수출 중인 25개국을 5년 내에 100개국으로 확장하려는 목표를 세우고 있다.

우수한 수출 실적

송산은 글로벌 특수엘리베이터 시장에서 기술력을 선도하는 기업이다. 세계 최대 규모(500인승, 50t)를 자랑하는 골리앗 엘리베이터는 현재 국내의 삼성, LG, 현대는 물론 미국(엑슨모빌)과 노르웨이(STATOIL), 러시아, 중국 등에 수출되고 있다. 국내외 조선소와 건설 현장에서 안전사고를 예방하며 원가 절감과 납기 단축을 도와 혁신적인 성과와 가치를 창출하고 있다.

국내 최초로 개발된 기계실 없는 엘리베이터와 방폭형 엘리베이터는 우즈베키스탄, 카자흐스탄, 미얀마, 말레이시아, 인도, UAE 등 여러 나라에 수출되고 있으며, 원자력 발전소, 화학 플랜트 같은 특수한 현장에 최적화된 특수엘리베이터로 높은 성능을 인정받아 시장 점유율을 높이고 있다. 송산의

LGD 골리앗 엘리베이터

수출 실적은 매년 높은 증가세를 보이고 있으며, 신규 시장을 발굴 확장하는 데 중점을 두고 역량을 키우고 있다.

수출 실적

- 2016.07~2017.06 : US$565,830

- 2017.07~2018.06 : US$10,062,736(증가율 1,678%)

해외 시장 개척 사례

- 2017~18년 : 중국 광저우 LG DISPLAY 세계 최대 골리앗

  엘리베이터(500인승, 40톤) 외

- 2017년 : 러시아 KIROVSK 지하 500m 광산 골리앗 엘리베이터 외

- 2016년 : 러시아 모스크바 뉴타운 MAYAK 프로젝트 엘리베이터 외

- 2016년 : 인도석유공사IOCL 특수 방폭형 엘리베이터 외

- 2015년 : 러시아, 이란, 미얀마, 우즈베키스탄, 카자흐스탄 등

- 2012년 : 러시아 수출 1,000만 불 외

- 2011년 : UAE 아부다비 원자력발전소 외

- 2004년 : 중국 북경 지하철 승강기 32대 외

기술 개발 및 품질 향상 노력

송산은 1998년 사내에 송산기술연구소를 설립해 신기술 개발과 제품 성능 혁신 및 신제품 개발을 위해 매출 대비 10~20%를 투자하고 있다. 기술연구소에서 개발된 제품들은 사용자의 안전과 비용 절감, 고객 가치 창출을 돕는 혁신적인 특허 기술력을 바탕으로 국내외에서 안전성과 가치를 인정받아 세계일류상품 지정, 산업포장 대통령 표창 및 국무총리 표창 등 다수의 상을 수상했다.

1998년에는 Modular Elevator(기계실 없는 후측면 구동형 엘리베이터), 2009년에는 X-vator(고층 건물 화재 시 인명 구출을 위한 비상 구난용 엘리베이터) 특허 또한 완료했다. 2010년에는 S-Brake(역회전 및 과속 사고 방지 브레이크), 2012년에는 4D-시뮬레이터, 2017년에는 클린 기능을 구비한 비상 구난용 엘리베이터, 2018년에는 세계 최초 초대형 골리앗 엘리베이터(미국, 중국, 일본, 이란 등 특허 획득) 특허를 받았으며, 2019년에는 세계 최초로 고층 빌딩 건설용 크레인 장착형 마스트 구조물에 구비되는 기술 특허를 받았다.

송산의 수상 실적

1998~2000년에는 대통령 표창(신기술 실용화), 국무총리 표창(벤처기업대상), 우수제품 인증(조달청) 경기 중소기업인상 수상, 기술력 우수기업 선정(중소기업청)을 받았으며, 2001~2010년에는 경기 중소기업 대상, INNO-BIZ 기업 선정, 서울시장 표창, 우수 납세자 표창(국세청장), 지식경제부장관 표창, 한국 서비스품질 우수기업 인증(지식경제부 기술표준원), 국세청 우수납세자 표창, '비상 구난용 엘리베이터' 신기술상을 수상했다.

황룡산 테라스하우스

2011~2018년에는 국무총리 표창, Good Design[아치 엘리베이터] 선정(지식경제부 한국디자인진흥원), 으뜸기업 표창(중소기업진흥공단), 러시아 국제 승강기 엑스포 2013 최우수 부스 디자인상을 수상하며 우수성을 세계로 널리 알렸다. 2019~

현재까지는 세계일류상품 선정, 산업포장 서훈, 1,000만 불 수출탑을 수상했다.

해외 시장 개척 활동

송산은 국제 금융 불안과 엔저 현상, 원화 강세, 환율 변동 속에서도 세계 최초의 혁신 신기술 제품을 바탕으로 해외 시장을 꾸준히 개척하는 국제 경쟁력을 보유한 기업이다. 특히 2016년 러시아 모스크바 뉴타운 엘리베이터 프로젝트에서 세계 1위 엘리베이터 기업보다 더 좋은 금액으로 수주했으며, 러시아 최대 국영기업 광산에 지하 500m 광산용 골리앗 엘리베이터 등의 대형 프로젝트를 수출했다. 또한 인도석유공사 등 유럽 기업이 장악하고 있던 아시안 국가의 특수엘리베이터 시장에 진입하여 성공적으로 고객을 늘려 나가고 있다.

한편 송산은 연구 개발 투자와 함께 해외 영업부를 확충하여 증가하는 해외 물량을 관리하고 있다. 러시아에서 개최된 국제 승강기 엑스포 최우수 디자인상을 수상하며 글로벌 제품 경쟁력을 제고했으며, 해외 산업박람회 등에 적극적으로 참여하여 새로운 해외 시장을 개척하고 있다. 송산의 이러한

인도석유공사 엘리베이터 설치 현장

노력에 힘입어 러시아를 비롯한 아시아 주요 국가에 지속적
으로 수출 실적을 높일 수 있었으며, 인도, UAE, 인도네시아,
베트남, 우즈베키스탄, 이란, 미얀마, 말레이시아, 필리핀, 카자
흐스탄, 투르크메니스탄, 방글라데시, 이란 등 여러 나라에 수
출하는 경쟁력을 보유하게 되었다.

장애인·노약자·임산부 등 이동 약자를 위한 기술 개발

1996년 정부 G7 선도기술 개발 사업을 우수하게 수행하여,
전량 수입에만 의존하던 장애인용 특수 승강기 제품을 생산
하여 공공기관 및 민간 장애인 시설에 공급하였다. 이로써 약

송산엘리베이터 전경

1,000억 원에 달하는 수입 대체 성과를 거두며 장애인의 이동 편의에 공헌하였다.

1998년에도 정부 선도기술 개발 사업으로 장애인 및 승객용 기계실 없는 모듈러 엘리베이터를 세계 최초로 개발, 1,000대 이상을 전국 철도역사 및 전국 지하철역사에 설치하여 장애인과 노약자의 이동 편의에 크게 공헌하였다.

한국엘리베이터협회 회장 취임

송산의 김기영 대표는 ISO 국제표준화기구에서 엘리베이터 분야 국제위원으로 15년 이상 일하며, 대한민국 제품의 수출과 외국 제품 수입에 대한 국제 기준 마련, 코드 불합리에 대한 적극적인 방어 등의 의안 제출 활동을 하고 있다. 송산뿐만 아니라 국내 중소 승강기 업체에 기술력과 수출 업무를 지원하여 한국 엘리베이터 업계의 경쟁력을 글로벌 수준으로 끌어올리는 것을 최우선 목표로 설정하였다. 또한 각국 협회 및 해외 관련 조직과의 네트워킹을 통해 해외 시장을 개척하기 위해 적극적으로 활동하여 실적을 만들어내고 있다.

2018년에는 문재인 대통령의 러시아 국빈 방문 시 러시아 경제사절단으로 참석하여 현지 조선소, 건설사 등 특수 승강기 바이어 미팅에 적극 참여하였고, 푸틴 대통령과의 만찬에 참석하는 5개 업체 중 하나로 선정되어 KIROVSK 광산에 납품한 지하 500m 골리앗 엘리베이터와 관련한 치하를 받기도 했다. 인도 경제 사절단에도 동행하여 인도 석유화학 공장에 필요한 특수 방폭형 엘리베이터 시장 개척을 위한 바이어 미팅에 적극 참여하였다. 특히 인도석유공사IOCL, L&T, 마힌드라 등 인도 굴

지의 기업들과 신규 사업 관련한 실질적인 성과가 있었다.

고용 창출, "산업 분야에 양질의 인재 양성"

송산의 기술연구소는 항상 관내 지역의 공업고등학교 학생들로 활기가 넘친다. 현업에서 활동 중인 수직교통 분야 최고 전문가들의 기술력은 국내외 대기업에게는 철저한 보안을 유지하지만 우리나라 산업의 원동력이 될 학생들에게는 언제나 개방되어 있다.

송산은 승강기 업계에 우수한 인재를 양성하여 신규 채용하기 위해 끊임없이 노력하고 있다. 업계의 불황과 달리 양적 완화 정책으로 수출에 어려움을 겪는 순간에도 꾸준히 신규 채용을 늘려 나갔으며, 인재 양성에 투자하고 전문 인력의 고용 안정을 확보하기 위해 노력했다.

청년 인재 및 전문 기술인 육성

- 특성화고교인 인천기계공고, 용산공고, 영등포공고 등과 취업맞춤반 협약을 맺어 매년 4~8명의 고3 학생을 대상으로 실습반을 운영하며, 현장 실무 OJT로 중소기업과

승강기 업계에 대한 관심을 높이고 졸업 후 정규직 채용 및 병역특례를 지원하고 있다.

- 산학일체형 도제학교 지정기업으로 선정된 송산의 기술연구소 직원이 일학습 병행제 전담인력 교육을 받고 특성화고 1,2학년 학생들에게 승강기 기술 선행교육을 실시하고 있다.

- 업무와 관련된 능력 향상을 위한 임직원 및 자녀에 대한 장학금을 지원하고 있다.

고용 안정과 노사 화합

- 정년 연장 : 중소기업의 기술 인력 확보 및 후임 인재 양성에 대한 인력 지원 방안으로 정년을 65세까지 보장했으며, 업무 실적 및 개인 역량에 따라 정년 연장이 가능하도록 했다.

- 직무 결정의 자율화 : 신입사원 또는 경력사원이 수습 기간 동안 3개 이상의 부서에서 실습과정을 거친 다음 본인이 직접 소속 부서를 정하도록 했다.

- 직원 복지 향상 : 당사 보유 승마장, 기숙사, 식당 등 직원 복지와 문화생활 확대 증진에 노력하고 있다.

- 장기 근속자를 우대하며, 장기 근속자의 자녀가 입사 지원 시 인턴 또는 신규 채용에 가점을 부여하고 있다.
- 노동조합 설립은 가능하지만 현재는 노조가 조직되지 않았다.
- 임신, 출산 휴가, 육아 휴직 중 재택근무와 유연근무를 지원하고 있다.

66 송산은 글로벌 특수엘리베이터 시장에서
기술력을 선도하는 기업이다. **99**

대표이사
김영귀

KYK김영귀환원수㈜

학력

2004	대구대학교 경영대학원 수료
2005	서울대학교 국제대학원 수료
2006	서울대학교 자연과학대학 수료
2007	청도이공대학교 경영학 박사학위 취득
2010	산동대학교 경영대학원 수료
2012	고려대학교 경영대학원 수료
2014	KAIST 글로벌 중견기업 아카데미과정 수료

경력

1980~2020	물 과학 연구 40년
2004~2020	KYK김영귀환원수㈜ 대표이사
2005~2020	KYK과학기술연구소 소장
2008~2020	중국 청도이공대학교 석좌교수
	㈜한국대학발명협회 고문
2010	산동대학교 초빙교수
2006	서울대학교 자연과학대학 〈알칼리이온수 연구〉 논문 발표
2014	세계 최초 IRB 승인 서울대병원 KYK 물 임상 85.7% 고효과 입증
2015	세계 물 포럼 참가, 물 과학 연구 발표
2016~2020	정상회담 경제 사절단 참가 8개국 5,000만 불 MOU 체결
2004~2020	MBC, SBS, KBS, TV조선, MBN 등 '물 전문가' TV 출연 다수
2018~2020	㈜한국물기업(수소)협회 회장
2018	세계 물의 날 국제수소학술대회 주최

상훈

2005	과학기술 부총리상 수상
2008~2017	독일, 스위스 등 국제발명전 금메달 13관왕
2009	지식경제부 장관상
2011	제46회 대통령 발명철탑산업훈장 수훈
2011~2012	신기술으뜸상(2년 연속)
2013	일본 세계천재인대회 금상 수상
	아시아로하스대상 환경부장관상 수상
2015	식약처장상
2015	홍콩 국제혁신디자인 및 기술제품 최우수상
2016	보건복지부장관상
2019	대한민국 지식경영 노벨물과학대상 수상
2019	서울특별시장상 친환경기업 대상
2020	매경 글로벌리더 대상 7년 연속 수상

🛡 **KYK** 김영귀 환원수

물과 수소의 과학

물은 모든 생명의 근원이다. 물은 생명을 유지 발전시키며, 다양한 생명의 종이 후대로 이어지게 하는 가교이자 터전이다. 공기 없이 사는 생명체는 있어도 물 없이 사는 생명체는 없다. 물은 그 자체로 생명이다. 지구의 70%가 물이며, 인체의 70%도 물이다. 물의 이러한 경이로움과 위대함을 한두 마디로 논할 수는 없겠지만, 내 몸에 들어가는 모든 것 중 물이 가장 중요하다는 사실 정도는 알아둘 필요가 있다.

내 몸의 70%에 해당하는 물을 어떤 물로 채우고 어떻게 갈아주느냐에 따라서 건강과 수명은 달라질 수 있다. "물은 질

KYK과학기술연구소 전경

병도 만들 수 있고, 건강도 만들 수 있기 때문이다." 김영귀 대표는 이런 철학으로 물에 대한 탐구에 나섰다. 세계적으로 유명한 장수촌 사람들은 공통적으로 물이 좋은 곳에 살고 있다. 그렇다면 이 경이롭고 신비로운 물은 어디에서 왔을까? 김영귀 대표는 "물은 H_2O입니다. 수소 2개와 산소 1개가 결합해서 물이 된 것입니다"라고 말한다. 그렇다면 수소는 어디에서 온 것일까? 김 대표는 이 질문에 "수소는 우주 만물을 이루고 있는 모든 물질의 근원이며 원소 기호 제1번입니다. 우주는 92.1%가 수소로 이루어져 있지만, 지구 대기에는 수소가 거의 없습니다(0.00005%)"라고 답하며 그 이유에 내해 "수소는 지구에 있는 산소와 만나 거의 다 물이 되어 지구의 70%를 차지하고 있으며, 그 물은 오늘날 지구의 모든 생명을 번성케 하는 기적을 이루었습니다"라고 결론을 내린다.

최근 수소는 무공해 청정 에너지원으로 주목받고 있지만, 건강용으로도 크게 각광받고 있다. 바로 유해 활성산소를 제거하는 데 탁월한 효과가 있기 때문이다. 인간의 질병에 대해 세계에서 가장 많이 연구한 미국의 존스 홉킨스 Johns Hopkins 의과대학에서는 "인간 질병의 90%는 유해 활성산소가 원인이다"라는 발표를 한 적이 있다. 또한 의학 학술지 중 세계에서 가장 큰 명성과 신뢰를 얻고 있는 〈네이처 메디신Nature Medicine〉의 2007년 6월호에서는 일본 도쿄의대의 오타 시게오 교수 연구팀의 "수소는 적은 양으로도 유해 활성산소를 효과적으로 제거한다"는 논문을 검증을 거쳐 발표하기도 했다. 수소는 이때부터 건강 및 의료 산업 분야의 학자들로부터 각광받기 시작했다.

의학적 효능 효과를 허가받은 알칼리 이온수기 개발 공급

김영귀 대표는 일찍부터 수소가 함유된 물은 유해 활성산소를 제거시켜 쇠를 녹슬지 않게 한다는 사실을 발견하고, 오래 전부터 쇠가 녹슬지 않는 물을 생성 출수하는 제품을 개발하여 보급했다. 일반인들이 물을 대수롭지 않게 여기던 시대에 김 대표는 남다른 사명감과 철학으로 물 과학 연구를 통해 쇠가 녹스는 물과 쇠가 녹슬지 않는 물이 있다는 것을 알아냈다. ORP와 pH, H2 ppb, Cluster 등의 구조와 에너지를 알아냈고, 그러한 기능과 성능을 가진 물을 생성 출수하는 제품을 개발해냈던 것이다. 그런 노력 끝에 만들어 낸 제품은 한

김영귀 수소 제품 사진

국 식품의약품안전처로부터 안전성과 유효성은 물론 물이 통과하는 모든 관로의 소재 역시 용출 시험(유해물질 함유 여부 시험)에 통과한, 유해물질이 검출되지 않는 제품이라는 합격 판정을 받았다.

이 제품은 약으로 고치기 어려운 4대 위장 증상(위장 내 이상발효, 소화불량, 만성 설사, 위산과다 개선)에 도움이 되는 물로 의학적인 효능과 효과를 인정받았다.

제아무리 좋은 음식을 먹더라도, 장내 유익균이 이를 정상적으로 소화시키지 못한다면 이상 발효로 인해 독성 물질로 변하고 만다. 마치 소가 물을 마시면 우유를 생산하고, 독사가 물을 마시면 독을 만드는 이치와 같다. 악취가 나는 변을 화학적으로 분석하면, 황화수소, 암모니아, 인돌, 니트로소아민, 페놀, 히스타민 등 무서운 독성 물질이 가득하다. 이러한 독성 물질을 내 몸에서 계속 만들어 낸다고 생각하면 끔찍한 일이 아닐 수 없다. 나무의 줄기와 가지, 잎, 뿌리 중에서 뿌리는 눈에 보이지 않지만 뿌리가 죽으면 그 나무는 살 수 없다. 우리 인체의 뿌리는 바로 장이다. 인체는 60조 개의 세포로 이루어져 있고, 장내에는 100여 종류의 미생물이 100조 개 넘게 살고 있다. 장내 미생물은 장내 환경에 따라 유익한 미생물이 많아지기도 하고, 유해한 미생물이 많아지기도 한다.

김영귀 대표가 개발한 제품에서 출수되는 물은 장내 환경을 개선하여 유익한 미생물이 많이 살 수 있게 만들어진 물이다. 이 물은 오래된 변비도 사라지게 만든다. 이 지구상에는 수백 종류의 물이 있지만, 과학이나 의학적으로 안전성과 유효성이 검증되어 효능 효과를 인정받은 물은 알칼리 이온수 외에는 없다. 김 대표는 자신이 개발한 이 제품으로, 최초로 IRB 허가를 받아 서울대병원에서 임상(과민성 대장질환)을 하여 85.7%의 높은 효과를 입증하였다. 즉 단순히 물을 걸러 먹는 정수기(공산품)와는 차원이 다른 물을 만들어 내는 제품이다.

제46회 발명의 날 대통령 발명산업훈장 수훈

김영귀 대표는 1980년부터 특별한 사명감과 철학을 품고 물

발명의 날 철탑산업훈장 시상식

과학 연구 한길에 정진해왔다. 발명 특허 및 관련 특허 100여 개, 100만 불 수출탑 수상, 일본 세계천재인대회 금메달을 비롯하여 독일, 스위스 등 국제발명대회 금메달 13관왕에 올라 국위를 선양하였으며, 국민 건강 증진과 산업 발전에 크게 이바지한 공로를 인정받아 제46회 발명의 날에 대통령으로부터 발명산업훈장을 수훈하는 영광을 안기도 했다.

김 대표는 각국의 정상회담 경제 사절단으로도 참가해 5,000만 불의 MOU를 체결하는 등 괄목할 만한 성과를 거두었고, '한국무역협회'와 '코트라'에서 발간한《정상과 함께 세계 시장을 열다》에 성공 사례로 실리기도 했다.

독일 등 국제발명전 금메달 13관왕

　김 대표는 알칼리온수기 제품만 개발 공급하는 데에 그치지 않고, 수소가 대량으로 함유된 수소수기 제품과 수소를 활용한 제품 개발에 박차를 가했다. 앞서 말한 것처럼 수소가 유해 활성산소를 제거하는 데 탁월한 효과가 있기 때문에 가정이나 업소에서 누구든지 편리하고 경제적으로 활용할 수 있도록 하기 위해서였다. 수소수기로써 효과가 있으려면 1,000ppb 이상은 되어야 하는데 시중에는 수소 함량이 500ppb도 나오지 않는 유사품이 많다. 참고로 김영귀환원수의 수소수기 제품은 1,200~1,600ppb가 나올 뿐만 아니라 수소수를 생성하는 백금 티타늄의 전해조 역시 플라스틱이 아

닌 아이 우유병에 쓰이는 트라이탄 소재를 사용하여 일체의
이물질이 생성되지 않도록 세심한 배려를 했다.

쇠가 녹슬거나 사람이 늙고 병드는 것은 똑같은 산화 현상
이다. 건강 장수는 결국 유해 활성산소를 막아내야 이룰 수
있다. 대표적인 항산화 식품은 비타민C다. 수소는 항산화 능
력이 비타민C의 176배에 이른다. 비타민C는 수용성이어서 물
만 통과하지만, 수소는 지방도 통과하기 때문에 세포 내의 에
너지 생산 공장인 미토콘드리아는 물론 뇌까지 도달한다.

유해 활성산소는 4가지 종류가 있다. 4가지 유해 활성산소
중에서 가장 강력한 유해 활성산소는 바로 '하이드록실 래디
칼'이다. 세포의 DNA가 손상을 입으면 암세포로 변하는데,
DNA를 파괴하는 주범이 바로 하이드록실 래디칼이다. 비타
민C는 이를 제거하지 못하는 데에 반해 수소는 이를 제거하
는 효과를 가지고 있다.

(사)한국물기업협회 회장사인 김영귀 대표는 2018년 3월
22일 세계 물의 날에 중국 물 협회와 공동으로 국제수소학술
대회를 서울에서 개최했다. 독일의 마일 교수. 미국의 폴락 교
수, 일본의 켄지 교수, 중국의 리프싱 교수 등의 국제 석학들
이 참가해 학술 발표를 했다. 미국에서는 수소로 암을 치료한

세계 각국 사람들을 상대로 물 강연하는 김영귀 박사

다는 내용을 발표했고, 일본에서는 방사능 물질에 오염된 환자를 수소로 치료했더니 효과가 좋았다는 학술 논문을 발표했다. 수소 관련 국제 학술논문은 현재 1,000여 편이 발표되어 있다.

김영귀 대표는 수소를 음용과 조리용 등에 사용할 수 있는 수소수기 제품을 다양하게 개발하여 공급하고 있다. 100%(조절 가능) 수소를 기체로 흡입할 수 있는 수소 발생 제품을 개발했다. 1분당 100cc, 250cc. 1,000cc 등 다양한 용도에 사용할 수 있으며, 수소 발생 비용이 저렴해서 에너지용으로도 경쟁력이 있다. 수소는 수소수로 마시는 것보다는 수소

기체를 직접 흡입하는 것이 효과가 훨씬 더 빠르다. 또한 수소 기체를 발생시켜서 수소수와 혼합하여 피부에 직접 분사하는 수소 보톡스 제품을 사용하면 피부가 시원해지고, 부드러워지며, 피부 톤도 맑아지는 것을 그 자리에서 바로 확인할 수 있다.

김 대표는 수소 기체 발생기와 수소 보톡스를 하나로 통합한 수소 복합기를 세계 최초로 개발하여 관련 인증을 받았으며, 가정이나 업소에서 누구나 효과적으로 사용할 수 있도록 양산 체계를 갖추었다.

무엇이 그를 40여 년간 물 과학 연구로 이끈 것일까?

KYK김영귀환원수㈜의 개발자이자 창업자인 김영귀 대표이사는 인류 건강을 위한 물 과학 연구에만 40년 넘게 매진하고 있다. 무엇이 그를 물 과학 연구의 한길로 걷게 했을까?

국내에서 물을 사 먹기 시작한 것은 1988년 올림픽이 끝난 이후부터다. 그보다 8년 전인 1980년경에는 물을 사 먹는다는 것은 상상도 못했다. 그런데도 김 대표는 무슨 까닭으로 물 과학 연구를 시작하게 되었을까?

제품, 필터 제조 공장

　김 대표는 1952년 지리산 자락의 어느 마을에서 태어났다. 때는 보릿고개 시대로 그는 태어났을 때부터 배고픈 설움을 겪어야 했다. 당시 사람들은 요즘처럼 좋은 집이나 좋은 차, 또는 부와 명예를 원하지 않았다. 그저 배불리 먹는 것이 소원이었다. 그도 그럴 것이 그때는 암이나 사고로 생명을 잃는 것이 아니라, 사지가 멀쩡하고 정신이 또렷한 데도 단순히 먹을 것이 없어서 많은 사람이 굶어 죽었기 때문이다. 풍요로운 시대에 태어나 배고픈 설움을 겪어보지 않은 사람은 아마 공감하기 어려울 것이다.

　그런 현실에서 어린 소년 김영귀는 '장차 어른이 되면 배고픈 설움을 해결해주는 사람이 되자!'라는 꿈을 품었다. 혹독한 굶주림과 싸우며 성장한 그는 새마을 운동을 거쳐 산업화

사회로 변모하는 시기에 사회생활을 시작했다. 그런데 그가 사회에 나왔을 때는 배고파 굶주리는 사람은 거의 사라지고, 과거에 듣도 보도 못한 당뇨니 고혈압이니 암이니 하는 고질적인 성인병이 성행하고 있었다. 의료보험 제도가 생겨 누구나 쉽게 병원 치료를 받을 수 있는 세상이 되었는데도 성인병 환자는 계속 늘어가고 있었다. 김 대표는 이를 이상하게 여겼다. '성인병은 왜 고치기 어려운 것인가?' '성인병은 왜 생기는 것인가?'라는 의문을 품은 김 대표는 '서양의학이 성인병을 고치지 못하는 것은 필시 인간이 자연의 섭리를 어겼기 때문'이라고 생각했다. 그래서 김 대표는 노벨상을 두 번이나 수상한 미국의 라이너스 폴링 박사의 분자교정의학과 한의학의 근간이 되는 사상의학 등의 자연의학을 공부하기 시작했다. 결국 김영귀 대표는 자연의학을 통해 물의 위대한 섭리와 이치를 깨닫게 되었다.

"당시에는 깨끗한 물이 좋을 거라 생각하고 이 지구상에서 가장 깨끗한 물을 찾아 나섰습니다." 그 물은 다름 아닌 공해가 전혀 없는 청정지역의 풀잎에 맺히는 아침이슬이었다. 하지만 그 이슬을 실생활에 활용하기 어려워서 이슬과 똑같은 물을 만들기 시작했다.

미 항공우주국NASA에서는 우주 비행을 할 때 사용할 물을 조달하기 위해 인체에서 배출되는 모든 물을 재활용한 역삼투압RO 멤브레인 방식을 사용한다. 김 대표는 지금의 코웨이가 생기기도 전에 역삼투압 멤브레인을 수입해 물을 통과시킨 다음 그 물을 다시 끓인 증기를 용수철 같은 유리관을 통해 식혀 청정 지역의 이슬 같은 물을 만들어냈다. 김 대표는 이 이슬물을 가족과 마시고 동호회 회원들에게도 공급했다. 그리고 이렇게 깨끗하고 좋은 이슬물로 콩나물을 기르면 얼마나 잘 자라고 맛이 좋을까 하는 기대에서 직접 토종 콩을 사다가 그 물로 콩나물을 길렀다. 그런데 이상하게도 콩나물이 잘 자라기는커녕 명주실처럼 가늘어지다가 썩고 말았다. 전혀 생각지 못한 엉뚱한 결과가 나오자 김 대표는 이 현상에 대해 연구하기 시작했다. 결국 이 물에는 콩나물이 먹고 자랄 수 있는 영양분이 없다는 결론에 이르렀다. 설상가상으로 이 물질이 전혀 없는 순수한 물속에서 쇠가 녹스는 현상이 발생했다. 이를 이상하게 여긴 김 대표는 또 다시 물에 대해 연구하기 시작했다. 그 결과 아무리 깨끗한 물일지라도 산화력 때문에 녹이 슨다는 사실을 깨닫게 되었다. "이슬물(증류수)은 공업용이나 실험용으로 쓸 수는 있지만, 식물이나 사람에게는 맞지 않는다는 사실을 깨닫게 되었습니다."

한국 최초로 「환원수」 단어 사용 공급

그 이후 김 대표는 《동의보감》에 등장하는 33가지 물을 비롯해 전 세계의 물을 조사하고 연구하게 되었다. 이 과정을 통해 환원력$_{ORP}$이 있는 물이 있다는 것을 알게 되었고, 그 환원력은 수소에서 나온다는 사실도 알게 되었다. 그는 환원력이 있는 물을 의미하는 환원수라는 말을 한국 최초로 사용하였고, 자신의 이름을 그대로 넣어서 '김영귀환원수'라는 브랜드를 만들었다.

김영귀 대표는 뭔가 의문점이 생기면 그 원인이나 원리를 파헤치는 연구자 기질을 지니고 있다. 시조 김수로왕의 74대손으로 선비 학자 집안의 DNA를 물려받았기 때문이라고 말한다. 조상 대대로 물려받은 자갈논을 다 팔아서 기술 개발과 제품 개발에 다 쏟아부은 것만 봐도 알 수 있다.

김 대표는 남들에 비해 최소 100배 이상 노력했다고 자신할 정도로 일했고, 지금도 1주일에 평균 120시간 이상을 업무와 연구에 바치고 있다.

프랑스 경제 사절단 MOU 체결

그러면서도 직원들은 끔찍이 생각한다. 배고픔과 어려움을 겪은 김 대표는 집에서 밥을 굶어도 직원들의 급여만큼은 단 한 번도 미룬 적이 없다. 처음부터 점심을 제공했고 누구에게나 먹는 것은 아끼지 않았다. 이렇게 건강을 꼼꼼하게 챙겨줘서인지 장기 근속자가 이어지고 있다고 한다.

김영귀 대표는 왜 물에서 수소를 뽑아내는 기술을 개발하게 되었을까? 배고픈 설움에서 출발한 그는 성인병과 자연의학을 통해 물에 대해 알게 되었고, 물 과학 연구를 통해 제품을 개발하고 공급하는 과정에서 수소를 알게 되었다. 그는 그가 개발한 무공해 청정 에너지로 환경을 살리고 건강 100세를 실현하고 싶어 한다.

김 대표의 회사는 영업 조직이나 채널이 없지만 매출이 꾸준히 이루어지고 있다. 그 이유는 순전히 제품을 사용해본 소비자들의 입소문에 의해 제품이 계속 팔리고 있기 때문이다. 수출도 역시 현지 소비자들의 입소문에 의해 이루어지고 있다.

개발자이자 창업자이며 발명가이기도 한 김영귀 대표는 왜 자신의 이름을 브랜드로 내걸었을까? 그는 그 이유에 대해 이렇게 말한다. "내가 하는 일에 자신이 있고, 그 일에 책임을 진다는 뜻입니다. 지금까지 내가 하는 일에 모든 책임을 져왔고, 앞으로도 계속 그렇게 할 것입니다."

66 그는 무공해 청정 에너지로
환경을 살리고
건강 100세를 실현하고 싶어 한다. **99**

회장

송창근

KMK GROUP

KMK글로벌스포츠그룹

학력

| 1978 | 대전 충남 고등학교 졸업 |
| 1985 | 울산대학교 기계공학과 졸업 |

경력

1990~현재	KMK GROUP 회장
2009~2013	재 인도네시아 한국 신발협회 1,2대 회장
2009~현재	아시아 한상 연합회 부회장
2013~현재	재인도네시아 한인 상공회의소 회장
2014~현재	세계 한상 대회 리딩 CEO
2015~현재	제14차 세계 한상 대회 대회장
2015~현재	제17기 민주 평화 통일 자문회의 아세안 지역 부의장

상훈

2000	대한민국 국민 포장 수상
2001	인도네시아 대통령 표창 수상
2007	인도네시아 대통령 표창 수상(여성 근로자들이 가장 일하기 좋은 회사 선정)
2011	대한민국 국민훈장 수상(석류장)
2012	인도네시아 대통령 표창 수상(여성 근로자들이 가장 일하기 좋은 회사 선정)
2015	재외동포신문 올해의 인물상 수상(한인 경제 부문)
2015	제6회 월드 코리안 대상 수상(국가 브랜드 부문)

KMK GROUP

KMK글로벌스포츠그룹

KMK글로벌스포츠그룹은 1989년 인도네시아에서 설립된 기업으로 나이키, 컨버스, 헌터 등 세계적인 브랜드의 풋웨어 Footwear를 제조하고 있다. 인도네시아 로컬 스포츠 슈즈 브랜드인 이글 Eagle과 고무 재생센터 Rubber Recycling Center를 비롯한 총 6개의 사업체로 구성되어 있으며 약 2만여 명의 종업원이 일하고 있는 연매출 2억 5,000만 달러 규모의 글로벌 기업이다.

KMK는 1989년 KMJ로 설립된 이래 25년간 글로벌 스포츠 신발 제조업체로서 끝없는 혁신과 개선을 통해 고객에게 최고 품질의 제품을 제공하고 있으며, 내부적으로는 직원들에

KMK글로벌스포츠그룹 본사 전경

게 사랑과 신뢰를 쌓는 인간중심 경영을 실천하는 기업이다.

1989년 아디다스 및 리복 OEM 생산을 시작으로 1995년 세계적인 브랜드 나이키 OEM 생산을 거쳐 지금까지 20여 년간 특수화 신발(포화 신발 1위)을 개발 생산하고 있다.

2000년 사명을 KMK Global Sports로 변경하면서 기존의 신발 공장 이미지를 완전히 탈피하는 현대적인 시설의 친환경 공장 'K1'을 설립하였다. 2001년에는 아시아 최초로 컨버스 브랜드 신발을 생산하는 업체로 지정되어 현재 컨버스가 최고의 브랜드로 재탄생되는 인큐베이터 역할을 담당하였다.

2006년에는 인도네시아 로컬 스포츠 슈즈 브랜드인 이글을 인수하여 주문자상표 부착OEM 방식 사업에서 자체 브랜드로까지 영역을 넓혔다. 현재 이글은 인도네시아 내수 시장에서 선두권 스포츠 브랜드로 자리매김하고 있다.

2011년 KMK는 인도네시아 최초로 영국 프리미엄 패션 브랜드 헌터를 생산하기 시작했다. 20년간 축적된 신발 개발 생산 노하우를 바탕으로 단기간 내에 헌터의 메인 생산 기지로 발돋움하였고, 스포츠 신발, 샌달, 부츠에 이르기까지 사업 영역을 다각화하며 글로벌 스포츠 풋웨어 제조업체로서의 위상을 확실히 드높이고 있다. 2016년 현재 약 2만여 명의 현지 종업원과 함께 연간 약 2억 5,000만 달러의 매출을 기록하는 기업으로 성장했다.

KMK는 2017년 인도네시아 중부 자바 지역에 새로운 공장을 확장 건설하여 미래형 제조업체로 거듭날 준비를 마쳤다. 2020년까지 중부 자바 지역에 4차 산업 혁명의 기술과 연계된 공장이 완공될 예정이며 이를 통해 신발 제조업계의 퍼스트 무버로 도약할 준비를 하고 있다.

인도네시아 신발 제조 산업의 선구자

KMK글로벌스포츠그룹은 1989년 설립 이후 지난 25년간 인도네시아 신발 제조산업의 중심 역할을 해왔다.

송창근 KMK 회장은 1988년 단돈 300달러를 들고 인도네시아로 건너가 현지 기업인과 해외 바이어의 신뢰와 도움으로 신발 제조업을 시작했다.

평소 송창근 회장은 '기업은 곧 사람'이라는 인간중심 경영철학Human Touch Management을 바탕으로 정직한 경영을 해오고 있다. 1998년 IMF 외환위기로 촉발된 인도네시아 폭동 당시 수많은 외국계 기업이 인도네시아를 떠났지만, 송 회장은 종업

인도네시아 공장 생산 현장

원들을 위해 사리를 시켰으며 미국 바이어에게 직접 찾아가 종업원들의 목소리를 담아 호소함으로써 생산량을 유지하기도 했다.

"당신의 베이비baby를 나에게 주면 우리 종업원과 내가 자식을 키우듯 정성을 다해 키우겠습니다."

당시 송창근 회장이 나이키에 직접 찾아가 했던 이 말은 지금까지도 유명한 일화로 회자되고 있다.

2006년에는 인도네시아 자체 브랜드인 이글을 인수해 인도네시아 내수 시장 1위 브랜드로 성장시켰다. 2011년에는 세계적인 패션부츠 브랜드 헌터를 인도네시아 최초로 생산해 현

이글 브랜드 20주년 행사

재까지 안정적으로 성장시키고 있다. 이처럼 KMK는 전 세계 3위 신발 생산국인 인도네시아에서 신발 제조 산업 발전을 선도하는 모범 기업으로 성장하였다.

인간중심 경영으로 지역사회에서 존경받아

KMK글로벌스포츠그룹은 휴먼 경영으로 회사의 사회적 위상을 강화하고 있다. 노사 협력을 위해 끊임없이 노력하는 송창근 회장은 회사 창립 때부터 종업원을 사랑하는 마음으로 '기업은 곧 사람'이라는 핵심 가치를 강조했다. 또한 인도네시

종업원 거주 지역 방문 모습

아인들의 민족성을 고려해 한국 같은 수직적 조직 문화를 지양하고 가족 같은 분위기를 만들기 위해 임원진부터 앞장서서 사랑을 실천하고 있다. 송 회장을 비롯한 KMK 경영진은 종업원이 일하고 싶은 회사, 종업원의 목소리에 귀 기울이는 회사를 만들기 위해 종업원 거주 지역을 정기적으로 방문해 명절 인사를 하고 있으며, 사내 병원과 이발소 등을 만드는 세심한 배려로 인도네시아 정부에서 선정한 여성들이 가장 일하고 싶은 회사에 2차례 선정되기도 했다.

특히 1998년 처음 시작한 종업원 거주 지역 방문의 경우 송창근 회장이 사업체별로 직원을 선정해 직접 방문하고 있다. 송 회장이 방문하는 날은 그 마을의 큰 잔치가 열리는 날이다. 마을의 가장 나이 많은 어른들부터 아이들까지 모두 직원의 집 앞에 모여 마음껏 즐기고 노래하고 음식을 나눠 먹는 잔치가 벌어진다. 송 회장은 단지 방문에만 그치지 않고 거주지역에 실질적인 도움을 주고 있다. 마을 발전기금 전달, 집수리, 보수 활동은 물론 고아들과 아이들을 위한 교육 장학금 지급을 매월 빠지지 않고 18년 넘게 지속하고 있다. 이러한 일은 모두 신뢰와 믿음을 바탕으로 직원들과 함께 교감하고 소통하며 감동을 주는 경영을 해야 한다는 송 회장만의 특별한 휴먼경영 철학이 녹아 있기에 가능한 일이다.

KMK글로벌스포츠그룹의 비전은 스마일SMILE이라는 단어로 요약된다. 스마일의 S는 지속 가능성Sustainability를 뜻한다. 고객과 협력업체, 내부 임직원 모두에게 다양하고 새로운 경험과 가능성을 제공하기 위해 노력하며, 끝없는 도전과 역량 강화, 품질 향상을 통해 지속적으로 성장하는 기업이 되겠다는 메시지다.

M은 문화 다양성Multi-Culture이다. KMK는 인종, 민족, 종교, 언어, 국적에 구애되지 않는 다양한 문화를 존중하는 기업

을 표방한다. 다양한 능력과 개성을 가진 개개인을 존중하고 국적, 성별, 경력에 상관 없는 채용을 통한 글로벌 경영을 전개하여 모두의 의견을 존중하는 글로벌 그룹이 되려는 것이 KMK의 지향점이다.

I는 혁신Innovation이다. 혁신과 재창조, 개선을 통한 변화를 추구하며 지속적인 발전과 결과를 내놓기 위해 끊임없이 노력하고 있다. L은 사랑Love으로, 나누면 반이 되는 것이 아닌 배가 되는 가치다. KMK는 직원, 고객, 관계사 등 모든 사람을 사랑하며 사회적 책임을 다하는 활동을 통해 지역사회와 나눔으로써 함께 성장하고 더 크게 발전하는 기업이 되고자 한다.

끝으로 E는 우수함Excellence이다. 오직 최고의 가치만을 전달하기 위한 헌신하는 기업이라는 의미를 담고 있다.

송창근 회장은 평소 '보스'와 '리더'의 차이를 강조한다. 그가 생각하는 보스는 직원들을 내려다보며 명령과 지시만을 반복한다. 두려움이라는 모티베이션을 이용해 조직을 통제하고 조직 구성원들로부터 대우받기만을 바란다. 이런 사람은 말만 앞설 뿐 직접 나서서 조직을 이끄는 경우가 드물다. 반면 리더는 위에서 직원들을 내려다보며 지시하는 자리가 아니라 직원들과 동일한 눈높이에서 그들이 올바른 방향을 찾도록

세계한인차세대대회에 연사로 나선 송창근 회장

이끌어주는 자리라는 것이 송 회장의 생각이다.

송 회장은 KMK의 리더와 직원들을 코치와 선수에 비유하곤 한다. 리더는 회사와 직원들을 코치하는 역할을 하지만 직원들은 회사를 위해 뛰는 선수들이다. 각각의 직원들이 그들의 위치에서 잠재력을 이끌어내고 역량을 발휘할 수 있도록 멘토가 되어주고 코치 역할을 해주는 것이 리더의 역할 중 하나라고 생각한다.

송 회장은 리더라면 기업이라는 울타리를 넘어 국가적으로도 사회적 책임감을 가지고 있어야 한다고 강조한다. 물론 회사의 리더로서 우선 직원들에게 가장 무거운 책임감을 가져야 하지만 직원 개개인 또한 한 가정의 아버지, 어머니, 아들 딸로서의 사회적 역할이 있기 때문이다. 이렇게 조금씩 시각을 확장하다 보면 기업의 리더가 사회 전체에 얼마나 큰 영향력을 가지고 있는지 새삼 무거운 책임감을 느끼게 된다고 한다. 사회가 없다면 기업이 설 수 없듯이 KMK 역시 기업이라는 조직을 넘어 지역사회에 이바지할 수 있도록 노력하고 있다. 청년 실업 문제 등 대한민국에서 일어나고 있는 크고 작은 사회 문제에도 관심을 기울이며 조금이나마 리더로서의 책임을 다하고자 한다.

인도네시아 한인 사회 발전에 기여

송 회장의 정직성과 열정이 만들어낸 또 하나의 자산은 인도네시아 현지 정치, 경제계 인맥 네트워크다. 2013년 제3대 재인도네시아 한인상공회의소 회장으로 취임한 이후 현재까지 인도네시아 한인 기업들의 발전뿐만 아니라 주한 대사관과 현지 부처 장관들과의 인적 네트워크 강화와 협력에도 최선을 다하고 있다. 우리는 주인이 아닌 손님으로 인도네시아에 있기 때문에 한인들이 현지인과 함께 조화 속에서 위기를 극

재인도네시아 한인 상공회의소 행사에 참석한 인도네시아 대통령

복해 나가야 한다는 것이 송 회장의 생각이다.

또한 송 회장은 2015년 10월 경주에서 열린 세계 한상 대회에서 역대 최연소 대회장을 역임하면서 한상 네트워킹 활성화와 국내 중소기업의 해외 진출과 견인이라는 두 가지 명제 아래 대회장으로서 변화의 씨앗을 뿌리는 주역 역할을 하였고, 특히 청년 실업 문제에 한상 기업인들이 힘을 모으는 초석을 다졌다는 평가를 받았다.

열정이 만든 진취적 미래

KMK에는 뜨거운 열정이 있기에 미래 비전 역시 진취적이다. KMK 임직원들은 스스로 능력을 발전시켜 성과를 향상시키기 위해 힘쓰며, 끊임없이 자신을 혁신하려는 의지로 똘똘 뭉쳐 있다. 회사 역시 젊고 열정 있는 인재들을 키워 새로운 미래를 열어갈 KMK의 주역으로 성장할 수 있도록 돕고 있다.

KMK는 구성원들의 땀과 열정, 헌신으로 세계적인 브랜드와 어깨를 나란히 하고 나아가 전 세계에서 가장 경쟁력 있는 기업으로 성장하는 것을 목표로 하고 있나.

KMK는 기업 문화 역시 다른 기업들과 조금 다르다. 권위적인 상명하복의 문화는 찾아볼 수 없으며 생산 현장 근로자, 인턴 사원을 비롯해 모두가 자신의 목소리를 내고 의견을 개진할 수 있다. 누구나 더 나은 아이디어가 있다면 KMK는 언제든지 그들의 목소리를 들을 준비가 되어 있다. 직위를 불문하고 모두가 서로의 생각과 아이디어를 존중하는 것이 KMK의 남다른 문화 중 하나다.

송창근 회장은 늘 임직원에게 주인의식을 강조한다. 모든 임직원이 주인의식을 가질 수 있도록 기업의 리더로서 임직원

현장에 방문해 직원들을 격려하는 송창근 회장

의 이름을 외우는 사소한 관심은 물론 20여 년간 생산 현장 직원들의 집을 꾸준히 방문하는 활동도 계속하고 있다. 워크샵 같은 사내 행사를 자주 열어 직원들의 목소리를 직접 듣고 보다 가까워지려는 노력을 하고 있다.

KMK는 이러한 문화를 25여 년간 발전시켜 오면서 젊은 세대에게 더 많은 기회를 마련해줄 수 있도록 노력하고 있다.

편안함과 반복되는 일상에서 오는 매너리즘에 빠져 새로운 것에 도전하는 열정을 잃게 되는 경우를 주위에서 흔히 볼 수 있다. 이를 혹자는 '컴포트 존Comfort Zone'이라고도 표현한다. 현재의 것에 만족하고 더 이상의 개선이나 발전이 없는 상태에 머무는 것을 말한다. KMK는 이러한 모습에서 벗어나기 위해 도전적인 미션과 목표를 직원들에게 끊임없이 제시하고 있다. 또한 직원들이 주도적으로 자신을 개발할 수 있도록 다양한 프로그램을 마련하고 있다.

사람이 곧 자산

"사람이 곧 자산." KMK의 경영철학을 한마디로 보여주는 문구다. 이처럼 KMK는 Human Touch Management라는 경영철학 아래 신뢰와 믿음을 바탕으로 직원들의 마음에 감동을 주고 있으며 함께 소통하고 직원이 원하는 것을 채워줄 수 있는 회사를 표방한다.

송 회장은 직원 또한 주주와 마찬가지로 투자자라고 생각한다. 투자자가 돈을 투자한다면 직원은 돈이 아닌 인생을 투자한다는 논리다. 하루 24시간 중 대부분의 시간을 일터에서 보내는 직원들에게 직장은 인생에서 가장 중요한 장소로써 크나큰 영향을 미칠 수 있다. 그런 점에서 회사는 이러한 투자자를 잘 관리해서 자산으로 남겨야 한다는 것이 송 회장의

KMK클리닉 전경

인재경영 마인드다. 실제 중소기업에서 경험 많고 일 잘하는 직원만큼 훌륭한 자산은 없다.

KMK는 2만여 명에 달하는 모든 직원과 가족들이 회사 내에서 전문적인 진료와 처방을 무료로 받을 수 있도록 지원하고 있다. KMK클리닉은 기본적인 치료 및 응급 처치가 가능한 시설이 완비되어 있고 현재 안과 및 치과까지 의료 서비스를 늘렸다.

송 회장은 성공한 한인 사업가로서 우리 대한민국의 경제를 이끌어 나갈 미래는 젊은 청년들에게 달려 있다고 말한다. 실제로 현재 15명 이상의 20대 청년들을 채용했으며, 매년 인턴십을 통해 더 많은 젊은 인재들을 채용할 예정이다. 이는 미래 비전을 위한 경영 패러다임 교체와 변화를 꾀함과 동시에 대한민국 청년 실업 해소에 기여하고자 하는 취지다.

젊은이의 호기심과 열정, 도전 의식이 오늘의 발전을 이루었고, 이들이 기성세대가 지닌 지혜와 조화를 이룬다면 더 성장하는 대한민국이 될 수 있을 것이라고 그는 굳게 믿고 있다.

66 리더는 위에서 직원들을 내려다보며
지시하는 자리가 아니라
직원들과 동일한 눈높이에서 그들이 올바른 방향을
찾도록 이끌어주는 자리이다. **99**

대표이사
송호섭

㈜스타벅스커피코리아

학력

1993   University of Western Ontario 경영학 졸업

경력

1999   나이키 아시아태평양 마케팅 이사(홍콩/미국)

2001   나이키코리아 마케팅 이사

2004   로레알코리아 랑콤 브랜드매니저

2006   한국존슨 영업이사

2010   더블에이코리아 대표

2014   스페셜라이즈드코리아 대표

2016   언더아머코리아 대표

2018   ㈜스타벅스커피코리아 전략운영담당 상무

2019~현재   ㈜스타벅스커피코리아 대표이사

(주) 스타벅스커피 코리아

"인간의 정신에 영감을 불어넣고 더욱 풍요롭게 한다."

이를 위해 한 분의 고객, 한 잔의 음료, 우리의 이웃에 정성을 다한다.

다양한 현지화 전략으로 고객 만족 실현

스타벅스코리아는 지난 1999년 이대점 1호점을 개점한 이래 매년 두 자릿수 이상 성장을 거듭하며 매일 80만 명 이상의 고객들에게 특별한 '스타벅스 경험'을 제공하고 있다. 지난 20년간 한국 고객들의 요구에 귀를 기울이면서 한국의 전통적인 다방 문화에 스타벅스만의 독자적인 '제3의 공간'이라는 콘셉트를 더해 새로운 커피 문화를 이끌어 왔다.

　스타벅스코리아는 현재 전국 70여 개 도시에서 1,300여 곳

스타벅스 매장 내부 모습

에 달하는 직영 매장을 운영하고 있다. 40년 이상 축적된 전문적인 로스팅 기술과 철저한 품질 관리 그리고 자체 양성한 1만 7,000여 명의 숙련된 바리스타들의 지식과 열정이 스타벅스의 핵심역량이다.

스타벅스는 단순히 커피를 판매하는 곳이 아니라 인간적인 관계와 감성이 소통하는 경험을 함께 제공하고자 노력하고 있다. 전 세계 스타벅스 최초로 혁신적인 스마트 주문 시스템인 '사이렌 오더' 서비스를 제공한 것을 비롯해, 다양한 현지화 전략이 조화를 이루고 있다.

사회적 책임과 성장을 동시에 추구하며 지역사회에 기여

스타벅스는 창사 이래로 전 세계에서 사회적 책임과 성장을 동시에 추구해 왔다. 국내에서는 업계 동반 성장, 고용 창출, 환경 보호, 재능 기부 등 다양한 활동을 통해 지역사회의 신뢰 속에서 성장해 가기 위해 노력하고 있다. 먼저 전국 140여 연계 NGO와 지역별로 다양한 활동을 전개하고 있다. 아울러 지역사회의 장애인과 노인 시설을 방문하여 바리스타 교육과 매장 운영을 지원하는 등 활발한 재능 기부 활동을 전개하며

시니어 바리스타를 위한 상생 교육장 오픈

이들의 고용 확산을 돕고 있다.

2012년부터 현재까지 장애인, 소외 계층 청소년, 다문화 가족 등이 운영하는 지역사회의 낡은 카페를 재단장하여 취약 계층의 자립을 돕고 바리스타 재능 기부로 운영을 지원하는 재능 기부 카페를 서울, 부산, 대전, 광주, 울산 등 총 9곳에 선보였다.

수익금 일부를 환원하는 이익 공유형 매장인 대학로 커뮤니티 스토어에서는 모든 판매 품목에서 300원씩 적립해 대학생들에게 4년간 장학금을 지원하는 동시에 종합적인 리더십 함양 활동을 위한 청년인재 양성 프로그램을 운영하고 있다.

스타벅스코리아는 지난 2015년 1기를 시작으로 2019년까지 5기 총 50명의 청년인재를 선발했다. 올해 2월까지 총 10억 원이 넘는 기금을 조성하여 이들을 위한 장학금 지원 등 청년 인재 양성 프로그램 활동을 전개하고 있다.

또한 교육 기부 국제 NGO인 JA Junior Achievement와 함께 청소년 진로 교육 프로그램을 전개하여 지금까지 1만 명이 넘는 청소년을 대상으로 바리스타 진로 체험 기회를 제공하고 고등학교 졸업 후 사회 진출을 돕기 위한 진로 설계 안내를 돕고 있다.

보건복지부와 어르신 일자리 창출 지원을 위한 업무 협약을 체결한 스타벅스는 어르신들의 일지리 창출 지원기금을 후원하고 있다. 또한 어르신 일자리 창출을 위해 스타벅스 드라이브 스루 매장에 안전보행 및 교통 정리를 위한 보행자 통행 안전관리원이 배치될 수 있도록 활동 거점을 지원하는 한편, 시니어 카페 경쟁력 강화를 위한 상생 교육장을 오픈하여 전국 150여 곳의 어르신 바리스타를 대상으로 체계적인 교육을 전개해나가고 있다.

스타벅스는 커피 회사의 문화적 특성을 잘 살리면서 임직원들의 자발적인 참여를 이끌어낼 수 있는 다양한 사회 공헌 및 봉사 활동 프로그램을 운영하고 있다. 재능 기부를 통해

대구 경북 지역 의료진 물품 기부

지역사회의 자립 지원을 돕고 더 많은 일자리 창출을 위해 노력한 활동은 전 세계 스타벅스 중 최초의 사례로 협력사가 함께 참여한 것도 이례적인 일로 평가받고 있다.

또한 스타벅스는 코로나19 극복을 위해 보다 진정성 있는 응원 메시지를 전달하고자 올해 2월 17일부터 3월 말까지 6주가 넘는 기간 동안 서울, 경기, 원주, 부산 등 전국의 질병관리본부 1339콜센터 상담원들을 위해 파트너들이 직접 제조한 총 1만 7,000잔의 커피와 비아, 머핀을 전달하는 등 약 1억 원 상당의 물품을 스타벅스 파트너 명의로 기부했다.

1339콜센터 지원을 시작으로 대구 경북 지역 의료진 및 보건소 직원을 위한 2만 9,000개의 비아 기부까지 스타벅스가 코로나19 극복을 위해 지원한 커피, 비아, 머핀 등은 총 3억 원 상당의 5만 6,000여 개 물품에 달한다.

연령과 장애를 뛰어넘은 우수 인재 양성에 앞장

스타벅스는 연령, 성별, 학력, 장애 여부와 상관없는 채용을 통한 열린 직장을 추구하며 자체 양성한 숙련된 바리스타들 모두가 정규직으로 근무하고 있다. 1999년 7월 1호점 오픈 당시 40명의 직원에서 시작해 현재 전국 1,300여 매장에서 일하는 직원 수는 1만 7,000여 명으로 약 425배 이상 증가했으며, 신규 매장 오픈 시 지역사회에서 평균 10명 이상의 고용 창출 효과를 거두고 있다.

또한 개인 역량에 맞는 다양한 교육 프로그램을 제공하여 커피전문가 양성 및 차별화된 커피 문화를 선도하며 지속 성장을 위한 경쟁력을 강화하고 있다. 신입 바리스타는 입사 후 체계적인 교육과 내부 선발 과정을 거쳐 부점장, 점장으로 승진하고 나중에는 매장을 총괄관리하는 리더로 성장하게 된다.

아울러 커피전문가 양성을 위한 커피마스터 프로그램을 비

스타벅스 커뮤니티 스토어 후원 청년인재 대학생 5기 발대식

롯해 커피기기, 서비스 등 분야별 전문성 함양을 위한 다양한
교육 과정을 온라인과 오프라인으로 제공하고 있어 원하는
직원은 참여할 수 있다. 매년 선발되는 우수 인원에게는 인센
티브를 제공하고 글로벌 커피전문가로 성장할 수 있도록 커피
농가 및 본사 방문 등 다양한 국가의 스타벅스 파트너들과 교
류할 수 있는 지원을 펼치고 있다.

스타벅스코리아는 전 세계 스타벅스 최초로 임직원의 전문
지식 함양과 공유가 가능한 쌍방향 온라인 교육 시스템 '스타

벅스 아카데미'를 오픈하고 언제 어디서나 편리하게 학습할 수 있는 모바일 애플리케이션도 함께 개발했다.

또한 2016년부터 등록금 전액을 지원하는 파트너 학사 학위 취득 프로그램을 운영해 경제적 부담 없이 학위를 취득할 수 있도록 돕고 있다. 입학 첫 학기는 학자금 전액을 지원하며 평균 B학점 이상을 취득하는 모든 파트너에게는 다음 학기 등록금을 전액 지원한다. 사이버 대학 과정은 정규 수업과 시험 평가가 100% 온라인에서 이뤄지기 때문에 등교 부담 없이 학업에 열중할 수 있다는 장점이 있다. 전공 선택은 업무와 관련이 없어도 무방하며, 대학 졸업 후에 스타벅스에 재직해야 하는 의무나 조건 없이 자유롭게 학비를 지원받을 수 있다. 2016년 2학기부터 시작한 대학 교육 지원 프로그램은 2020년 예비 입학생을 포함해 현재까지 500여 명이 넘는 스타벅스 파트너들이 참여해 학업을 이어가고 있다.

스타벅스는 파트너의 다양성을 존중하는 근무 환경 조성에도 앞장서고 있다. 전 세계 스타벅스 최초로 지난 2013년 여성가족부와 협약을 맺고 경력이 단절된 전직 스타벅스 여성 관리자들이 정규직 시간 선택제 부점장으로 돌아오는 리턴맘 제도를 시작해 현재까지 141명에 달하는 바리스타가 재입사

스타벅스와 아름다운재단이 보호종료 청년 지원에 관한 MOU를 맺었다

했다. 리턴맘 바리스타는 주 5일, 하루 4시간씩 정규직 부점 장으로 근무하며 상여금, 성과급, 학자금 지원 등 다양한 복리후생 혜택과 인사 제도의 적용을 받는다. 추후 본인이 원할 경우 하루 8시간씩 전일제 근무 전환의 기회도 제공된다. 또한 육아휴직 기간을 최대 2년까지 확대하는 등 일과 가정생활의 양립을 위한 다양한 제도적 지원을 하며 여성가족부 가족친화 인증 기업으로서 지속적인 노력을 하고 있다.

스타벅스는 장애인이 서비스직에 부적합하다는 사회적 편견을 깨고 지난 2007년부터 장애인 채용을 시작해 2012년에는 업계 최초로 한국장애인고용공단과 고용 증진 협약을 체결하고 매년 분기별로 장애인 파트너를 신규 채용하고 있으며, 체계적인 장애인 바리스타 양성을 위한 직업훈련에도 앞장서고 있다. 2019년 12월 기준 장애인 파트너 고용률은 4.3%, 총 409명이며 이중 51명의 장애인 파트너가 중간관리 직 이상에서 근무하는 등 차별 없는 동등한 승진 기회를 부여하고 있다.

장애인 채용 이후에도 평생직장으로서의 직무 적응과 고용 안전을 위해 장애 유형별 맞춤 교육 프로그램을 개발해 중증 장애인의 일자리 영역을 확대하고, 직장 내 상애 인식 개선교육 등의 다양한 지원 활동을 진행하고 있다. 지적 장애인 파트너는 장애 유형 및 개별 습득 능력에 따른 맞춤 교육을 통해 과정 하나하나를 꼼꼼히 익힐 수 있도록 반복 교육을 받는다. 청각 장애인 파트너는 음료 제조 교육을 강화해 촉각과 후각이 발달된 장점을 십분 발휘할 수 있도록 한다. 청각 장애인의 경우 우유 거품을 만들 때 고온 고압의 스팀 진동을 본인만의 촉각으로 판단해 부드러운 거품을 만들어낸다.

스타벅스 코리아는 지난 2011년부터 전 세계 스타벅스 최초로 국내에 파트너 행복 추진 부서를 설립해 파트너 복지와 권익 보호를 위해 노력하고 있다. 2014년부터 임직원들의 스트레스 해소를 돕기 위한 전문 심리 상담 프로그램을 도입해 전문기관과 협력 운영 중이며, 연중 문화 충전 사내 캠페인을 통해 문화 공연 관람 기회를 제공하고, '스토어 어택' 등 단체 팀워크 증진을 위한 여가 활동을 지원하고 있다.

2018년 12월에는 고객 응대 파트너 보호를 위해 고용노동부 산하 비영리법인 단체인 직업건강협회와 감정노동 관리 및 교육 지원 협력을 위한 협약을 맺었다. 이처럼 외부 전문 기관과 협력해 감정노동 수준 진단 과정을 밟고 예방/대응/관리 정책으로 구분한 파트너 보호 매뉴얼을 더욱 체계적으로 수립해 감정노동 직무 스트레스 예방 교육을 비롯한 건강 보호, 감정 소진 극복 프로그램, 전문 심리 상담 등 파트너 권익 보호를 위한 다양한 지원 활동을 지속적으로 강화해 나가고 있다.

지역사회 전통문화 보존과 제품 현지화 노력

스타벅스는 지난 2009년 문화재청과 문화재 지킴이 협약을 맺고 우리 문화재를 보호하고 알리기 위한 다양한 활동을 전개하고 있다. 먼저 2009년부터 현재까지 문화재청의 덕수궁

스타벅스, 이번엔 도산 안창호 선생 친필 휘호 유물을 기증한다

정관헌 명사 초청 행사를 후원하고 있다. 이 행사는 60명이 넘는 강연자와 2만 명 이상의 시민이 참여하는 대표적인 궁궐 문화행사로 자리매김했다. 창경궁 여름 야간 특별관람 방문 시민에게 커피를 증정하는 봉사 활동도 전개하고 있다. 백범 김구 선생의 '광복조국'(2015년), '존심양성'(2016년)과 도산 안창호 선생의 '약욕개조사회 선자개조아궁'(2019년) 친필 휘호 유물을 구매해 문화유산 국민신탁에 기부했으며, 2018년에는 경주 지역 고도지구 육성 발전을 위한 캠페인을 전개하는 등 활발한 전통문화 보존 및 보호 활동을 진행하고 있다.

스타벅스, 2019 문화유산 보호 유공자 포상, 대통령 표창 수상

2015년부터는 광복절에 맞춰 광복회가 추천하는 독립유공자 자손 대학생에게 장학금을 전달하고 있다. 스타벅스는 지난 2015년도부터 현재까지 독립유공자 자손 183명에게 총 3억 6,600만 원의 장학금을 전달했다. 2017년에는 고종 황제의 대한제국 선포 120주년을 기념해 문화재청, 국외소재문화재재단과 함께 주미대한제국공사관의 복원과 보존을 위한 후원 약정식을 열고 총 3억 원의 기금을 주미대한제국공사관 복원 및 보존사업을 위해 기부하는 등 대한제국공사관의 한국 전통 정원 조성 및 공사관 보존 활동을 후원하고 있다.

이러한 공로를 인정받아 스타벅스는 2019년 문화유산 보호 유공자 포상 시상식에서 대통령 표창을 수여받았다.

스타벅스는 국내 협력사와 함께 다양한 제품 현지화 노력을 지속적으로 전개해 음료와 원부재료의 자체 개발을 확대하고 있으며, 친환경 경기미와 국내 특산물을 활용한 다양한 지역상생 제품을 소개하고 있다. 문경 오미자, 이천 햅쌀 등 로컬 식자재의 특성을 빅데이터로 분석한 다음 시장 트렌드에 맞춘 제품으로 개발해 농가에 안정적인 판로와 수익을 제공하고 국산 농산물의 상품 가치를 높여 농가 소득 증대로 이어지는 상생 활동을 꾸준히 전개하고 있다.

동시에 스타벅스는 국산우유 소비 촉진 캠페인과 커피찌꺼기 재활용 자원 선순환 활동을 통해 국내 농가의 지역사회 소득 증대에도 기여하고 있다. 커피찌꺼기로 만든 친환경 퇴비를 기증해 수확한 농산물로 만든 다양한 음료와 푸드 상품을 전국 매장에서 지속적으로 소개하고 있다.

디지털 마케팅에 감성적인 문화 입혀

혁신적인 디지털 마케팅과 모바일 기기들을 통해 고객과 소통하는 것 또한 스타벅스 경험의 핵심이 되어 가고 있다. 스타벅스에서는 요즘 흔한 진동벨 시스템을 볼 수 없다. 음료를 제공할 때는 고객과 눈을 맞추며 대화를 통해 전달한다. 스타벅스코리아는 이름을 호명하는 감성적인 소통을 만들기 위해 2014년부터 '콜 마이 네임' 서비스를 전 세계 스타벅스 최초로 제공하고 있다. 이를 위해 몇 년 동안 판매관리 시스템POS 개선과 주문 확인 모니터 개발 등을 진행했다. 이를 통해 스타벅스가 진출한 전 세계 80여 국가 중 최초로 디지털 시스템으로 고객의 이름을 호명하는 서비스를 제공하고 있다. 회원들이 등록한 이름을 호명하는 감성적인 소통 문화를 디지털에 입힌 것은 인간적인 경험을 원하는 고객들의 의견을 반영한 결과다.

또한 IT 서비스 노하우와 기술을 집약해 2014년 전 세계 스타벅스 최초로 대표적인 언택트 서비스인 '사이렌 오더'를 자체 개발했다. 매장 방문 전에 주문과 결제를 할 수 있어 혼잡한 시간대에 주문 대기 시간을 줄일 수 있으며, 주문 메뉴가 준비되는 진행 과정을 실시간으로 확인할 수 있고 음료가 완료되면 콜 마이 네임 서비스와 연동해 등록한 이름을 바리스타가 호명하는 진동벨 기능까지 갖췄다. 사이렌 오더를 통한 주문은 음료뿐 아니라 매장의 실시간 재고 상황에 맞춰 음식과 병 음료, 원두까지 가능하며 다양한 개인 맞춤 기능으로 이용자에게 최적화된 서비스를 제공한다. 드라이브 스루 이용 고객은 메뉴 수령 방식을 매장 안과 차량으로도 구분해 주문할 수 있다.

사이렌 오더는 론칭 이후 지속적으로 사용 편의성과 기능을 강화하여 빅데이터를 활용한 추천 기능 도입과 음성 주문 서비스 등 이용자 중심의 맞춤형 서비스로 진화하였으며, 지금까지 누적 주문 건수가 1억 건에 달할 정도로 뜨거운 호응을 얻고 있다.

사이렌 오더를 통한 모바일 결제나 신용카드 사용이 계속 늘어남에 따라 현금 없는 매장을 시범 운영하며 미래의 신용 사회에 대비하는 디지털 혁신으로 고객 서비스에 더욱 집중하고 있다.

현재 전국의 모든 스타벅스 드라이브 스루 매장에서는 전 세계 스타벅스 최초로 개발한 첨단 화상 주문 시스템을 운영하고 있다. 고객과 눈을 맞추며 경청하는 스타벅스의 철학과 얼굴을 맞대고 정을 나누는 한국적 정서를 모두 담아낸 시스템이다. 2018년 6월 선보인 혁신적인 드라이브 스루 서비스인

'My DT Pass'는 차량 정보를 등록하면 매장 진입 시 별도의 결제 과정 없이 자동 결제되어 바로 출차가 가능하며, 사이렌 오더로 주문 시에는 대기 시간을 더욱 획기적으로 단축할 수 있어 이용고객 수가 꾸준히 증가하고 있다. 특히 이 서비스는 스타벅스코리아의 자체 빅데이터 분석과 마이 스타벅스 리뷰 고객 설문을 통해 고객들의 드라이브 스루 대기 시간 단축과 결제 편리성에 대한 의견을 적극 반영해 자체 개발한 결과물이다. 국내 커피업계 최초이며 전 세계 스타벅스 중에서도 한국에서 최초로 출시한 서비스이다. 스타벅스는 운전자 고객의 안전과 편의를 위해 다양한 IT 서비스를 지속적으로 개발하고 있다. 차량을 이용해 DT존을 방문하는 고객의 사이렌 오더 주문 가능 반경을 6km까지 확대했고 음성 주문 서비스도 제공하는 등 고객 편의에 입각한 디지털 서비스를 개선해 나가고 있다.

아울러 업무 효율성을 위한 전사적 자원 관리 시스템을 지속적으로 구축하고, 디지털 설문 조사 프로그램인 마이 스타벅스 리뷰를 통해 수집한 다양한 고객 의견을 빅데이터로 활용해 다양한 제품 개발과 서비스 개선에 적극 반영하고 있다. 모바일 앱을 통해 방문 매장에서 즉시 처리할 수 있는 요청사

항을 등록하면 개선 후 답변을 받을 수 있는 스토어 케어도 선보이며 고객 만족도를 높여 나가고 있다.

친환경 캠페인으로 지역사회에 큰 영향력 끼쳐

스타벅스는 2018년 7월 일회용품 줄이기 대책을 포함한 전사적인 친환경 캠페인 실행 계획안 '그리너Greener 스타벅스코리아'를 발표했다. 이를 통해 지역사회와 함께 더 푸른Greener 스타벅스를 가꿔가겠다는 의미로 제품Greener Product, 사람Greener People, 매장Greener Place의 3가지 분야에서 친환경 경영을 너욱 강화해 나가고 있다.

2018년 9월부터 종이 빨대를 도입해 시범 운영을 거친 뒤 전 세계 스타벅스 최초로 전국 매장으로 확대했고, 아이스 음료의 경우 빨대 없이 마실 수 있는 리드(컵 뚜껑)도 함께 제공하고 있다. 2018년 11월 빨대 없는 리드를 전국 매장에 도입한 이후 월 평균 빨대 사용량이 도입 이전 대비 50%가량 감소하는 성과로 이어졌다. 전자영수증 제도를 확대해 2018년 6월부터 마이 스타벅스 리워드 회원 전원에게 자동으로 발급하고 있으며, 개인 다회용 컵 사용 고객을 위한 혜택을 강화하는 등 다양한 친환경 활동을 강화해 나가고 있다.

2017년 7월 공기청정 시스템 설치 시범 매장 운영을 시작으로 2018년 4월부터는 신규 매장을 중심으로 공기청정 시스템을 확대 설치해 실내 공기질 관리를 체계적으로 진행하고 있다.

또한 우천 시 제공하던 우산 비닐을 대신할 제수기(물기 제거기)를 새롭게 도입해 시범 운영하고 있고, LED 조명과 친환경 목재 등의 친환경 마감재를 확대 도입하여 에너지 효율화를 이룰 수 있는 매장 환경을 지속적으로 추진해 나갈 예정이다.

2018년 4월부터는 매월 10일을 '일회용 컵 없는 날'로 지정하고 머그와 다회용 컵 사용을 권장하며 다양한 고객 참여 캠페인을 지속적으로 전개하고 있다. 길거리 일회용 컵 수거함 시범 사업도 전개하여 지역사회 환경 보호에 긍정적인 변화를 이끌어 내고 있다.

스타벅스는 2019년 공정거래위원회와 한국소비자원이 주관한 2019년 소비자중심경영CCM 우수기업 포상 및 인증서 수여식에서 고객 서비스 향상 노력과 환경 및 지역사회 공헌 활동 등 소비자 중심 경영체계 구축을 통한 소비자지향적 경영 문화 확산과 소비자 후생 증대 기여에 대한 노력을 인정받아 소비자중심경영 우수기업 인증서를 취득했다.

회장
오원석

코리아에프티주식회사

코리아에프티㈜

학력

| 1971 | 경기고등학교 졸업 |
| 1975 | 서울대학교 기계공학과 졸업 |

경력

1974	현대양행(현 두산중공업) 입사
1982	대우조선공업 부서장
1987	코리아에어텍㈜ 부사장
1996	코리아에프티㈜ 회장

상훈

2004	제31회 상공의 날 표창
2009	제2회 범죄 피해자 인권의 날 표창
2009	세계일류상품 및 세계일류기업 인증 수상
2010	관세청장상 수상
2010	글로벌 경영대상 수상
2011	글로벌 경영대상 수상
2011	제48회 무역의 날 5,000만 불 수출의 탑 수상
2012	제9회 자동차의 날 동탑산업훈장 수훈
2012	글로벌경영대상 수상
2012	제49회 무역의 날 7,000만 불 수출의 탑 수상
2014	글로벌 전문 후보기업 지정서 수여
2014	춘계학술대회 글로벌경영대상 수상
2014	제51회 무역의 날 1억불 수출의 탑 수상
2014	제51회 무역의 날 산업통상자원부 장관 표창
2015	2015 한국자동차산업 경영대상
2016	제50회 납세자의 날 기획재정부 표창
2018	과학기술정보통신부 장관상 수상
2018	보건복지부장관상 수상
2018	안성상공회의소 창립 100주년 공로패 수상(수출 유공)
2019	고용노동부장관상 수상
2019	동반성장위원회 위원장상 수상
2019	SRMQ 최고경영자 대상(부총리 겸 기획재정부 장관 표창)

코리아에프티주식회사

글로벌 전략으로 고속 성장한 친환경 자동차 부품 전문 기업

코리아에프티(오원석 회장)는 자동차 연료 계통의 친환경 부품인 '카본 캐니스터'와 부품 경량화를 통한 연비 효율 증가에 효과적인 '플라스틱 필러넥' 그리고 국내 유일의 차량용 차양 장치 등 차량 내부 인테리어 부품을 생산하는 친환경 자동차 부품 전문 기업이다.

특히 국내 5개 완성차업체뿐 아니라 GM 글로벌, 르노, 폭스바겐, 볼보, 스코다, Lynk&Co 등 해외 완성차업체와 현대

코리아에프티는 2003년 중국 북경 법인을 시작으로 인도, 폴란드, 슬로바키아 등 해외 시장 개척에 매진해왔다. 사진은 폴란드 법인 전경

모비스 등 자동차 부품 전문 기업에 이르는 안정적인 매출처를 보유하고 있어 글로벌 기업으로서의 위상이 확연하다.

특히 2007년 미국발 글로벌 경제위기와 2010년 그리스 구제 금융 지원에서 촉발된 유럽발 글로벌 경제 침체 같은 최악의 위기 상황 속에서도 2007년 매출액 917억 원에서 2019년 4,386억 원 이상을 올리는 중견 기업으로 꾸준한 성장을 지속해 왔다.

이처럼 글로벌 경제가 어려운 가운데에서도 탁월한 경영 성과를 올릴 수 있었던 것은 △ 해외 생산 기지 구축 △ 끊임없는 기술 개발 △글로벌 완성차업체로의 매출처 다각화 덕분이다.

오 회장은 국내 자동차 시장의 크기와 한계를 명확히 파악해 글로벌 경영만이 회사의 성장을 가져다줄 수 있는 방안이라고 판단했다. 이에 국내는 R&D 기지, 해외 법인은 생산 기지로 발전시켜 경쟁사를 뛰어넘는 안정적인 매출 성장성과 높은 수익성을 동시에 달성하는 글로벌 경영 전략을 수립했다. 2003년 자동차 신흥 시장인 중국을 시작으로 2006년 인도, 2007년 유럽 시장의 전진 기지인 폴란드, 2014년 슬로바키아 그리고 2015년 중국 충칭에 생산 기지를 구축했다.

과감하게 시도한 글로벌 진출 전략은 크게 성공하며 해외 법인의 매출이 해마다 증가하고 있는 추세다. 중국과 인도 법인은 지속적인 매출과 수익성 확대로 안정화 단계에 진입했으며, 후발주자인 폴란드 법인은 2015년부터 유럽 신차 물량 증대로 인해 매출 성장을 기록하고 있다.

2012년부터는 해외 법인 매출이 국내 매출을 넘어섰고 향후에는 그 격차가 점점 더 벌어질 전망이다. 적극적인 해외 생산 기지 구축은 글로벌 경제위기 상황에서도 연 매출 917억 원에 불과했던 중소기업을 4,386억 원 이상 달성하는 중견기업으로 성장할 수 있었던 배경이 됐다.

기술 개발로 이룩한 블랙박스 기업

끊임없는 기술 개발은 코리아에프티가 국내의 대표적인 친환경 자동차 부품 기업으로 성장할 수 있었던 원동력이었다. 오원석 회장은 항상 직원들에게 '우리 회사는 일반 제조업체가 아닌 자동차 부품 개발의 엔지니어링 회사이다'라고 강조하며 연구 개발에 아낌없는 투자를 했다.

1996년 회사 설립 초기부터 부설 연구소를 설립해 운영하

카본 캐니스터(왼쪽) – 연료탱크 내에서 발생되는 증발 가스를 활성탄으로 흡착하여 엔진 작동 시 엔진으로 환원시켜 연소되도록 하는 장치로 대기 오염을 방지하는 친환경 자동차 부품
플라스틱 필러넥(오른쪽) – 연료 주입구로부터 연료탱크까지 연료를 안전하게 이송하기 위한 유로 역할 부품으로 기존 스틸 구조의 단점을 보완하여 경량화를 통한 연비 개선에 효과적인 친환경 자동차 부품

면서 관리식 총 인원의 1/3 이상에 해당하는 연구 개발 인력을 채용하였고 매출의 10% 이상을 R&D에 투자해 중소기업에서 보유하기 힘든 고가의 첨단 연구 설비도 갖췄다. 현재 지적재산권 103건을 보유하고 있으며 해외 및 국내 특허만 77건에 달하고 있다.

코리아에프티는 이러한 기술 개발 실력을 인정받아 '블랙박스 기업'이라는 자랑스런 훈장도 얻었다. 블랙박스 기업이란 제품의 설계부터 개발, 검증까지 모두 담당할 수 있는 기업을 말한다. 블랙박스 기업은 고객이 요구하는 품질을 만족시킬 수 있는 부품을 설계해야 하고 품질 만족 여부를 검증하기 위한 많은 시험 설비를 보유해야 할 뿐만 아니라 품질까지 보증해야 하기 때문에 높은 기술력이 요구된다. 따라서 블랙박스 기업은 완성차업체의 신차 개발 단계부터 참여할 수 있다. 반면 '화이트박스 기업'에 해당하는 대부분의 중소 자동차 부품사는 완성차업체에서 제품을 설계해 도면을 대여해주면 그 도면을 기준으로 단순히 생산만 할 수 있다.

한편 코리아에프티는 친환경 관련 제품과 차량 경량화를 통한 에너지 절감형 제품을 개발한다는 원칙을 사업 초창기부터 수립했다. 당시 국내에서는 환경에 대한 관심이 낮았지만, 북미 지역과 유럽 국가들은 환경 법규를 강화하는 추세였기 때문이다.

코리아에프티가 이룩한 대표적인 성과가 바로 카본 캐니스터 국산화, 플라스틱 필러넥 개발이다. 먼저 카본 캐니스터는 자동차 연료 탱크 내에서 발생하는 증발 가스를 활성탄으로 흡착해 엔진 작동 시에 환원시켜 연소시킴으로써 증발 가스가 외부에 유출되지 않도록 하는 자동차 부품이다. 흔히 주유소에서 볼 수 있는 아지랑이처럼 피어오르는 연기가 바로 가솔린이 증발할 때 나오는 증발 가스VAPOR GAS이다. 증발 가스는 광화학 스모그의 원인이 되는 공해물질로서 각국마다 증발 가스 유출을 법규로 규제하고 있다. 이에 따라 카본 캐니스터는 각국의 환경 규제는 물론 각 자동차사마다 요구하는 사양을 모두 갖춰야 하기 때문에 진입장벽이 매우 높은 제품이다. 코리아에프티가 국산화에 성공하기 전까지는 전량 수입에 의존할 수밖에 없었다. 그러나 코리아에프티가 카본 캐니스터 국산화에 성공함으로써 6억 달러의 수입 대체 효과를 가져왔고, 국내 시장에서도 점유율 1위(79%)를 차지할 수 있었다. 또한 환경 규제가 매우 까다로운 미국, 유럽 시장에 파고들어 세계 시장 점유율 4위(9%)를 기록했고, 글로벌 자동차 시장의 새로운 트렌드인 하이브리드 자동차에 적용할 수 있는 가열 방식 하이브리드 캐니스터도 개발하여 미국 및 국내 특허를 확보하였다. 이러한 기술력을 인정받은 코리아에프티는 2011년 현대자동차그룹으로부터 선행 개발 최우수 기업으로 선정되기도 했다.

필러넥은 자동차 연료 주입 시 주유구에서 연료 탱크까지 연료를 이송시키기 위한 유로 역할을 하는 부품이다. 코리아에프티가 플라스틱 필러넥을 개발하기 전까지만 해도 국내 자동차는 전부 스틸로 만든 필러넥이 장착되어 있었다. 플라스틱 필러넥은 스틸 제품보다 가볍기 때문에 차량의 연비를 향상시켰고, 부식이 잘 되지 않아 환경 오염 문제도 덜어주었다. 코리아에프티는 소재부터 제조 공법까지 다른 기업이 범접할 수 없는 진입장벽을 구축함으로써 국내 유일의 플라스틱 필러넥 생산업체로 확고한 입지를 다졌다.

코리아에프티를 대표하는 또 다른 제품은 의장 부품 및 차양 장치이다. 최근 차량의 고급화 전략에 따라 갈수록 그 중요성이 높아지고 있는 의장 부품Interior Parts은 기능과 편의성뿐만 아니라 제품 외관에 디자인 감각을 더해 소비자의 구매 욕구와 기호를 만족시켰다.

자동 차양 장치Auto Sunshade는 태양 광선을 차단하여 탑승객의 편의성과 안락함을 더하는 부품으로 운전자의 프라이버시를 보호하고 야간 운전 시 안전성 확보를 돕는 부품이다. 얼마 전까지만 해도 국내 기업이 생산하지 못해 대부분 고가의 수입품에 의존했지만 코리아에프티가 2009년부터 우수한 성능과 가격 경쟁력을 겸비한 자동 차양 장치를 국내 최초로 개발하여 국내 완성차 업체에 부품을 공급하고 있다. 현재 그랜저 TG를 시작으로 K7, 제네시스까지 확대 공급하고 있다.

차세대 자동차 경쟁력 확보를 위한 노력

코리아에프티는 기술 개발과 품질 향상에 노력한 결과 국내에서 경쟁사를 찾기 어려울 정도의 독보적인 지위를 확보했지만, 더 큰 성장을 위해 세계 시장으로 진출했고 글로벌 자동차사와의 신규 거래처 다각화를 지속하고 있다.

최근 5년간의 실적만 봐도 2015년에는 폭스바겐 및 SKODA의 의장 부품 공급업체로 선정되었고, 2016년에는 VOLVO 및 GM 글로벌의 카본 캐니스터 공급업체로 선정되었다. 이어 2017년에는 VOLVO, 동풍르노, 르노닛산의 가본 캐니스터 공급업체로 선정되었고, 2019년에는 르노닛산, Lynk&Co, GM, 볼보의 카본 캐니스터, 폭스바겐의 의장 부품 공급업체로 선정되었다. 최근인 2020년 2월에는 닛산과 르노-닛산-미쓰비시의 카본 캐니스터 공급업체로 연이어 선정되어 전 품목 글로벌 수주에 성공하면서 명실상부한 글로벌 자동차 부품 전문업체로 성장했다. 2014년 무역의 날에는 1억 불 수출의 탑 및 산업통상자원부장관 표창을 수상하는 등 지난 30여 년간 자동차 부품 사업 및 국가 경제 발전에 크게 기여하고 있다.

코리아에프티는 이미 글로벌 최고 수준의 기술력을 확보

제49회 무역의 날 7,000만 불 수출의 탑 수상 장면

한 자동차 부품 회사로 도약했지만, 미래 시장을 선도하기 위해 또 다른 신기술 개발에도 박차를 가하고 있다. 코리아에프티는 지금까지 추진하던 연료 계통 부품 사업에서 벗어나 점점 첨단화되어가는 자동차 산업에 발맞춰 무인 자동차 등 차세대 스마트 자동차에 공통적으로 들어갈 수 있는 머신러닝 기반의 ADAS 소프트웨어 알고리즘 개발에 성공했다. 고양이가 사물을 인지하는 방식을 응용하여 빅데이터로 학습시킨 5,000개가 넘는 보행자의 특징점을 우선순위에 따라 가중치를 부여하는 방식의 알고리즘으로 만들어 악천후 상황에서도 보행자를 감지할 수 있는 기술로 개발했다.

그 동안 해왔던 연료 계통 제품 개발에서 한 단계 더 나아가 소프트웨어 개발이 필요하다는 판단에 따라 연구 개발에 착수한 결과 내연기관 차량은 물론 차세대 스마트 자동차까지 아우르는 제품 포트폴리오를 확장하였으며, 이는 코리아에프티의 또 다른 성장동력이 될 것으로 기대를 모으고 있다.

코리아에프티는 '보행자 감지 SW 알고리즘' 외에도 나날이 강화되는 환경 규제(증발 가스)에 대응하기 위해 기존 소재에 나노 클레이를 첨가한 나노 플라스틱 필러넥을 세계 최초로 개발하는 데 성공했다. 기술 혁신을 통해 가격 및 품질 경쟁력이 뛰어난 제품으로 만들어 2018년부터 시장에 공급하고 있다. 자동차 경량화(다층구조 대비 원가 27%, 중량 32% 절감) 및 기존 소재 대비 증발 가스 차단의 우수성(기존 소재 대비 12배 차단 성능 향상)을 인정받아 2019년 IR52 장영실상을 수상하였으며, 향후 글로벌 시장 경쟁력 확보에도 크게 기여할 것으로 예상하고 있다.

위기를 극복하며 글로벌 기업으로 도약

항상 탄탄대로를 달려온 것만 같은 코리아에프티도 몇 차례의 위기가 있었다. 카본 캐니스터 부품의 국산화에 성공하면서 순항일로에 있던 1990년 첫 위기가 찾아왔다. 당시 매출 1,000억 원이 넘던 중견업체가 카본 캐니스터의 카피 제품을 시장에 내놓은 것이다. 매출 60억 원에 불과했던 코리아에프티는 중견업체의 저가 물량 공세에 휘말려 매출이 절반가량 감소하며 심각한 위기에 봉착했다. 하지만 오원석 회장은 제품 가격을 낮춰 현실과 타협하는 대신, 고집스럽게 품질로 승부수를 띄웠다. 위기 상황을 정면 돌파하기로 결정한 배경에는 "품질 좋은 제품만이 시장에서 살아남을 수 있다"는 확고한 그의 지론이 있었다. 결국 경쟁사는 제품 출시 3년 만에 대형 품질 사고가 터졌고, 국내 완성차업체들은 뚝심 있게 품질력으로 승부한 코리아에프티에 앞다투어 납품을 요청하게 되었다.

두 번째 위기가 찾아온 것은 대기업도 줄줄이 도산하던 IMF 외환위기 때였다. 국내에서 자금 유치가 어렵던 1999년, 오원석 회장은 이탈리아 토리노 상공회의소 초청으로 대한민국 자동차 부품 산업의 성장과 코리아에프티의 미래에 대해 강연했다. 마침 이 자리에 참석했던 이탈리아 자동차 부품 대기업 ERGOM사의 회장 프란체스코 치미넬리Francesco Cimminelli

2016년 4월7일 Award of Medal—Merit for the Silesia Region
코리아에프티㈜ 오원석 회장은 폴란드 투자 및 한국기업 산업단지 조성 등 폴란드 기여 공로를 인정받아 실레지아주에서 주는 훈장(Award of Medal — Merit for the Silesia Region)을 수훈 받았다.(사진은 수상 후 연설하는 오원석 회장)

가 큰 감명을 받았고, 외환위기를 맞아 어려움을 겪고 있던 코리아에프티에 전격적인 자금 지원을 결정했다.

해외자금 유치에 성공한 코리아에프티는 이 자금을 연구개발과 생산시설 확충에 고스란히 투자하여 탄탄한 성장기반을 구축할 수 있었다. 그 결과 현재 세계 유수의 자동차 부품사들과 어깨를 나란히 하며 경쟁하는 글로벌 기업으로 도약하게 되었다.

투철한 사회봉사 정신에 입각한 사회책임 경영 실천

오원석 회장의 학이시습 품격 고양의 인재경영 방침은 기업 운영 외에도 사회공헌 활동에서도 큰 족적을 남기고 있다. 사회로부터 받은 혜택을 다시 사회로 환원한다는 투철한 사회봉사 정신에 입각한 사회책임 경영을 적극적으로 실천하고 있다.

우선 오 회장은 범죄 피해자의 취업 지원 및 피해자 중심의 고용 창출과 복지 향상을 도모하는 차원에서 심리 및 미술 치료 효과를 볼 수 있는 고용노동부 사회적 기업 ㈜무지개공방을 2011년에 설립하였으며, 자본금 3억 원을 기부하여 무지개공방 설립에 필요한 인적, 물적 네트워크 구축에 지대한 공헌을 했다. 또한 무지개공방 직원들에게 적극적인 관심과 지도가 뒷받침된 집단 상담 및 개별 상담을 제공하여 서로 소통하며 자존감을 향상시킬 수 있도록 도움을 주고 있다.

한편 지역 내에 있는 한국폴리텍대학교 안성캠퍼스에 장학금 후원 등을 통한 교육 환경 개선에 앞장서고 있으며, 낙도와 시골학교 학생들을 대상으로 하는 소년한국일보 보내기 사업에 매년 참여하여 신문을 활용한 여러 활동을 지원함으로써 학생들에게 경험의 폭을 넓힐 수 있는 기회를 제공하코리아에프티 오원석 대표는 범죄 피해자들에 대한 다각도의 지원을 통해 조기 회복과 자립 등을 돕고 있다. (사진은 범죄 피해자들을 위한 사회적 기업인 '무지개공방' 현판식)

고 있다. 또한 동아일보 어린이동화 후원 캠페인에도 참여하여 지역 내 초등학교에 도서후원금을 지원하며 아이들의 교육 환경 개선에도 적극적으로 나서고 있다.

코리아에프티 자체적으로도 안성 지역 내 사회복지기관인 동부 무한돌봄센터와 연계하여 기업 자원봉사단 활동을 정기적으로 실시하고 있다. 지역 독거노인이 거주하는 주거 환경 개선 활동이 중심이며, 따뜻한 손길이 필요한 주변 소외계층을 대상으로 현재 약 25명의 직원이 휴일을 이용하여 정기적으로 도움의 손길을 함께 보내고 있다.

코리아에프티는 인재 육성을 위한 투자도 아끼지 않고 있다. 고용노동부 평택지청이 운영 중인 '일학습 병행제도'에 참여하여 실무형 인재를 양성하고 있으며, 기업에 채용된 지 1년 미만인 근로자나 취업 희망 청년 등을 학습근로자로 채용하여 기업 또는 교육기관에서 최대 4년간 체계적인 교육 훈련을 거쳐 취업과 학위 취득을 할 수 있도록 지원하고 있다. 이를 통해 맞춤형 인재를 안정적으로 확보하고 청년은 취업과 학위를 무료로 받을 수 있는 일거양득 효과를 창출하고 있다. 코리아에프티는 2015년 5월부터 2기에 걸쳐 총 6명의 학습근로자를 채용, 현재 4명의 학습근로자가 교육을 이행 중이다. 학습근로자들에게 유능한 선임자를 1대 1 혹은 1대 2로 붙여 숙련 기술자와 도제식 교육을 통해 직무 기술과 조직 문화 등을 체득하도록 한 것도 눈길을 끈다. 이러한 공을 인정받아 오 회장은 2019년 6월에 동반성장위원회 위원장상 (동반 성장 부문)을 수상하기도 했다.

회장
윤홍근

제네시스BBQ그룹

경력
1995	제너시스BBQ그룹 창립
	BBQ 1호점 오픈
1996	BBQ 100호점 오픈
1999	BBQ 1000호점 오픈
2000	치킨대학, 물류센터 개관
2003	BBQ 중국 진출(해외 시장 진출 시작)
2005	BBQ 올리브유 개발
2007	BBQ 카페 런칭
2011	BBQ 프리미엄카페 런칭

상훈
1999	한국 유통대상 국무총리상(1회)
2003	대한상공의 날 동탑산업훈장
	한국 유통대상 국무총리상(2회)
2005	공정거래위원회 대통령상
2007	스페인 시민 십자대훈장
2009	대한상공의 날 은탑산업훈장
	한국능률협회KMA 최고경영자상
	인적자원개발 우수 기관 인정(치킨대학)
2010	2010 Korea CEO Summit 창조경영대상
2011	소비자 품질만족 대상
	(사)한국취업진로학회 주관 '제1회 고용창출 선도 대상'
2012	글로벌 마케팅 대상 최고경영자상
	2012 윤동주 민족상 수상
	제17회 유통대상 대통령상
2013	516 민족상 수상
2014	일자리 창출 정부포상 대통령상
2015	대한민국 식품대전 금탑산업훈장
	2015 요우커 만족도 치킨 부문 1위
2016	12년 연속 브랜드스탁 선정 치킨업계 1위
2018	포항지진 지원 유공 '행정안전부 장관상' 및 '경상북도 도지사 감사패'
	매일경제 '2018 대한민국 글로벌 리더'
	2018 대한민국 고용 친화 모범경영대상
2019	'2019 대한민국 브랜드스타' 치킨 부문 브랜드가치 1위
2019	국가브랜드대상 '브랜드치킨 전문점 부문' 대상

2020년, IT 기술 혁신으로 기하급수 기업을 향해

제너시스BBQ그룹의 지난 2019년은 어려운 사업 환경에서도 고객, 패밀리와 상생하는 경영 이념을 굳게 지키며 외식업계 트렌드와 고객 니즈에 다가가기 위한 혁신적인 변화를 끊임없이 시도한 한 해였다. 그리고 다가온 2020년. 제너시스BBQ그룹이 창립한 지 25년이 되는 뜻깊은 해를 맞이한 윤홍근 회장의 마음가짐은 그 어느 때보다 다부지다.

윤 회장은 1월 1일 신년식에서 '디지털 트랜스포메이션'을 통한 '혁신 성장'과 '리스크 제로화'를 성공적으로 완수해 2020년을 '기하급수 기업'으로 도약하는 해로 만들 것을 다짐했다.

제너시스BBQ는 올해 '디지털 ABC'라 일컫는 AI, 빅데이터Big Data, 클라우드Cloud 기술을 기반으로 한 '혁신 성장'에 역량을 쏟을 방침이다. 지난해 4월 업계 최초로 '닭 멤버십'을 시행하며 이를 활용한 AI 마케팅과, 빅데이터를 활용한 메뉴 기획 등 4차 산업 시대에 걸맞은 IT 기술을 지속적으로 도입하기 위한 혁신적인 계획들을 세웠다. 이를 통해 제너시스BBQ는 세계 최고의 프랜차이즈 그룹이자 '천년기업'을 완성

1000호점 오픈식. BBQ는 창업 4년만인 1999년 1000호점을 돌파했다

하기 위한 새로운 기반을 다지고 있다.

이와 더불어 '디지털 트랜스포메이션'을 재무, 서비스, 품질 등 실무 전 분야에 도입함으로써 정확성을 제고해 경영상의 리스크를 사전에 제거하고자 한다. 매장에는 로봇 시스템을 적극 도입하여 인건비 절감은 물론 조리 과정에서 일어날 수 있는 실수나, 직원의 상해를 막아 '리스크 제로화'를 달성하기 위해 박차를 가하고 있다.

지난해 12월 송파구에 오픈한 헬리오시티점은 IT 기술을 기반으로 한 '혁신'을 꿈꾸는 윤 회장의 의지를 확인할 수 있는 대표적인 매장이다. 4차 산업 시대와 '편리미엄'으로 대표되는 새로운 소비 트렌드를 반영한 헬리오시티점은 고객의 테이블에 직접 치킨을 서빙하는 '푸드봇'과 태블릿으로 주문할 수 있는 '태블릿 오더', 셀프 주문 시스템인 '스마트 키오스크'와 '그랩앤고' 등 다양하고 편리한 디지털 기능을 적극 도입하며 새로운 외식 문화를 선도하고 있다.

대한민국 원조에서 글로벌 프랜차이즈로 우뚝

국내 최대 규모의 프랜차이즈 그룹인 제너시스BBQ그룹은 BBQ, 올떡, 우쿠야 등 각 업종에서 국내를 대표하는 브랜드들을 통해 3,000여 개 가맹점을 운영하고 있다.

제너시스BBQ는 1995년 설립 이후 프랜차이즈 업계의 각종 기록을 갈아치우며 비약적인 성장을 거듭해 오고 있다. 제너시스BBQ의 대표 브랜드인 'BBQ'는 1995년 11월 1호점을 오픈한 지 4년 만에 1,000호점(1999년 11월)을 돌파했으며, 현재 약 1,800개의 가맹점 망을 구축하며 국가대표 치킨 브랜드로 자리매김했다.

'건강한 치킨'으로 '행복한 세상'을 만드는 기업

윤홍근 제너시스BBQ그룹 회장은 어린 시절부터 장래 희망을 묻는 질문에 '기업가'라고 답했다. 윤 회장이 학교에 다니던 시절은 책과 공책, 연필 등을 보자기로 싼 다음 허리에 동여매고 고무신을 신고 뛰어다니던 때였다.

그러던 어느 날 여수 시내에서 경찰 공무원을 하시던 아버지가 선물로 책가방과 운동화를 윤 회장에게 건넸다. 당시 윤 회장은 매끈한 가방과 튼튼한 운동화에 감탄하며 누가 이런 제품을 만드는지 아버지에게 물었다. '기업'이라는 답을 들은 그는 그 자리에서 바로 결심했다. 어른이 되면 기업을 만들어 사람들을 행복하게 해주겠노라고.

시간이 흘러 윤 회장은 미원그룹에 입사해 평범한 샐러리맨으로 사회생활을 시작했다. 직원이었지만 뜨거운 피가 끓었고 'CEO 처럼 일하는 직원'이 회사 생활의 모토가 됐다. 그는 최고경영자의 시각으로 없는 일도 만들어서 했고, 동료들 사이에서 일벌레로 소문이 날 정도로 열심히 일했다. 직장생활을 시작한 이후 밤 12시 이전에 귀가한 적이 없을 정도였다. 윤 회장은 지금도 신입사원을 채용할 때 "CEO처럼 일할 준

윤홍근 회장에게 '품질'은 양보할 수 없는 경영철학이다. 신제품 품평회에서의 윤홍근 회장

비가 되어 있는가"를 항시 묻는다. 주인의식을 가지고 임할 때 안 될 것은 없다는 것이 그의 지론이다.

그러던 어느 날, 윤 회장은 길을 걷던 중 담배 연기가 자욱한 통닭집에서 엄마와 아이가 통닭을 시켜먹는 모습을 봤다. 그때 불현듯 어린이와 여성을 타깃으로 깨끗하고 건강에도 좋은 치킨을 만들어서 팔면 좋겠다는 생각이 그의 머릿속을

스쳤다. 지금은 누구나 생각할 수 있을지 모르지만 치킨집은 곧 호프집이던 당시에는 획기적인 아이디어였다.

블루오션을 찾아낸 윤 회장은 1995년 7월 잘 다니던 회사에 사표를 제출하고 그해 9월 1일 자본금 5억 원으로 BBQ를 설립했다. 전셋집을 월셋집으로 옮기고 통장을 탈탈 털어 1억 원을 마련했지만 나머지 4억 원이 문제였다. 지인과 선후배를 찾아다니며 십시일반 투자를 받았다. 그를 믿고 당시 집 한 채에 해당하는 큰돈을 선뜻 투자해준 지인들을 생각하며 윤 회장은 악착같이 일했다. 사무실에 야전 침대를 갖다 놓고 밤낮으로 일했다. 시간과 비용을 절약하기 위해 라면으로 끼니를 때우기 일쑤였다. 무엇보다 어린이와 여성이 좋아하는 깨끗하고 건강한 치킨을 만들기 위해 가장 큰 공을 들였다. 사업을 시작한 이후 하루도 닭을 먹지 않은 날이 없었고 최상의 치킨 맛을 찾기 위해 생닭을 먹는 일까지 있었다.

'올리브유'로 치킨의 '고품격' 시대를 열다

BBQ는 2005년 '세상에서 가장 맛있고 건강한 치킨'을 고객들에게 선보이겠다는 목표에 따라 전 세계 최초로 엑스트라

2019 국제요리경연대회에서 외국 초청 인사와 얘기 나누는 윤홍근 회장

버진 올리브유를 원료로 한 BBQ올리브오일을 도입해 전 치킨 메뉴를 올리브유로 조리하고 있다.

올리브유는 엑스트라 버진Extra Virgin, 퓨어Pure, 포마세Pomase 등 3가지 등급으로 나뉜다. 그중 BBQ가 사용하는 엑스트라 버진은 세계 최고 등급인 스페인산 올리브유로 맛과 향, 지방 구조 측면에서 다른 식용 기름보다 월등한 품질을 자랑한다.

BBQ는 지난 2005년 약 3년에 걸친 기술 개발과 실험을 거쳐 명품 올리브오일 개발에 성공했다. 'BBQ 올리브오일'은

토코페롤, 폴리페놀 같은 노화 방지 물질이 풍부하며, 나쁜 콜레스테롤은 낮추고 좋은 콜레스테롤은 높여주는 등 트랜스 지방과는 반대의 기능을 갖고 있다.

일반 올리브유는 발연점이 낮아 프라잉 시 쉽게 타거나 검게 변해 튀김유로 적합하지 않다고 여겨지기도 했다. 하지만 BBQ는 자체 R&D 기관인 세계식문화과학기술원(중앙연구소)이 ㈜롯데푸드와 손잡고 오랜 연구 끝에 물리적 방식의 여과와 원심 분리 기술을 적용해 과육 찌꺼기를 걸러내 튀김 온도에 적합한 오일을 발명하였고, 그 결과 특허를 취득했다.

올리브유가 인체 건강에 유익하다는 연구 결과는 많다. 2019년 3월 7일 미국 휴스턴에서 열린 미국심장학회AHA 총회에서 발표한 연구 결과Eating olive oil once a week may be associated with making blood less likely to clot in obese people에 따르면, 비만 단계의 사람들이라도 올리브오일을 자주 섭취하면 심장 건강에 좋고, 뇌졸중을 막는 데에도 도움이 되는 것으로 나타났다.

특히 최근에는 지중해 연안 국가 국민들의 장수 비결이 올리브유를 기본으로 한 '지중해식 식단'으로 알려지면서 우리나라에서도 올리브유 판매량이 폭발적으로 늘어나고 있다. 올리브유를 기본으로 과일과 생선, 채소, 견과류를 즐기는 지중해식 식단은 수많은 연구에서 심장 질환과 뇌졸중 위험을 낮추는 데 도움이 되는 것으로 나타났다.

실제로 미국의 석유 재벌 존 록펠러John Rockefeller는 97세 장수의 비결을 '매일 한 스푼의 올리브오일을 먹는 것"이라고 밝힌 바 있다.

실제 BBQ 올리브유는 타 치킨 업체에서 사용하고 있는 대두유, 옥수수유, 카놀라유, 해바라기유 등과 원가가 4~5배 이상 차이 난다. 그럼에도 불구하고 엑스트라 버진 올리브유를 도입한 것은 국민 건강을 최우선으로 생각하는 제너시스 BBQ그룹의 경영철학이 담긴 결정이었다.

프랜차이즈 교육과 연구의 산실, 치킨대학

황금 올리브 치킨과 함께 BBQ의 '성공'을 견인한 다른 한 가지를 꼽으라면, 단연 '치킨대학'이다. 윤 회장은 평소 "프랜차이즈 사업은 곧 교육 사업"이라 말하며 프랜차이즈 사업을 함에 있어 교육에 대한 굳은 신념을 갖고 있었다. 윤 회장은 1995년 창업 초기에도 임대 건물의 2개 층 중 1개 층을 교육장으로 사용하며 초기 자본금의 60% 가량을 교육에 투자했

2019 코리아 먹켓페스타에서 축사하는 윤홍근 회장

을 정도로 각별한 공을 들였다. 2003년 경기도 이천시 설봉산 자락에 세계 최초로 설립한 BBQ '치킨대학'은 교육에 대한 윤 회장의 확고한 철학이 빚어낸 결과물이다.

치킨대학은 총 26만 4,462㎡ 부지에 4층 규모의 충성관, 5층 규모의 혁신관으로 조성되어 있으며, 총 7개의 강의 시설과 11개의 실습 시설, 40개의 숙소 시설로 구성된 국내 최대의 외식 사업가 양성 기관이다. 제너시스BBQ 가맹점을 계약한 사람이라면 모두 치킨대학에서 2주 간 점포 운영과 경영자적 마인드를 함양하기 위한 합숙 교육을 받아야 한다. 본사

직원들을 최고의 외식산업 전문가로 양성하기 위한 교육 역시 이 곳에서 이뤄진다. 이와 더불어 학생과 일반인들을 대상으로 치킨을 직접 조리하고 맛보며 다양한 강연과 체육 활동, 레크리에이션까지 함께 즐길 수 있는 'BBQ치킨캠프'를 운영하고 있다. 이런 성과를 바탕으로 치킨대학은 2019년 12월 교육부와 대한상공회의소로부터 교육 기부 진로 체험 인증기관으로 선정되기도 했다.

또한 치킨대학에는 BBQ가 자랑하는 R&D 센터 '세계식문화과학기술원'이 함께 입주해 있다. 30여 명의 석박사급 전문 연구진들이 '최고의 맛'이 담긴 새로운 제품을 개발하기 위해 끊임없는 연구가 이뤄지고 있는 곳이다. 신메뉴로 접목 가능한 세계 각지의 음식과 재료를 찾아 프랜차이즈로서의 상품성을 판단하고 제안하며, 제품 조리에 맞는 주방 설비 개발까지 맡아 진행하고 있다. 기업이 발전함에 있어 가장 중요한 '교육'과 '연구'를 책임지는 치킨대학은 세계 최고의 프랜차이즈 기업으로 비상을 꿈꾸는 제너시스BBQ의 든든한 두 '날개' 역할을 충실히 수행하고 있다.

BBQ의 '가맹점주'가 아닌, '패밀리'인 이유

프랜차이즈 사업 특성상 가맹점과 본사의 신뢰는 그 무엇보다 중요하다. BBQ는 '가맹점이 살아야 본사가 산다'는 경영 이념을 가지고 있다. 특히 가맹점주라는 말을 사용하지 않고 '패밀리'라고 칭하며 상생의 가치를 실천하고 있다.

가장 대표적인 상생 제도는 패밀리 자녀 학자금 지원이다. 10년 이상 패밀리 자녀들에게 장학금을 지급하고 있는데, 현재까지 지급한 장학금 액수만 총 17억 원이 넘는다. 장학금 수여 제도는 10년을 이어온 BBQ만의 전통으로, 사회 구성원으로 성장한 패밀리 자녀들이 편지나 메일을 통해 취업 및 결혼, 유학 소식 등을 전해올 때 윤 회장은 기업가로서 가장 큰 보람을 느낀다고 한다.

또한 BBQ는 패밀리가 '동' 위원, 본사 담당자가 '행' 위원이 되어 본사 정책과 관련된 모든 것을 논의하고 토론하는 '동행위원회'를 발족했다. 동행위원회를 통해 본사와 패밀리 간 상생 및 동반 성장을 실천하기 위해 노력하고 있다.

특히 2019년 2~3월 두 달 동안 '요기요'와 함께 진행했던 '가맹점 부담금 제로Zero 상생 프로모션'은 비수기에 패밀리들

"패밀리가 살아야 본사가 산다." 윤홍근 회장은 정기적으로 패밀리들과 감담회를 개최하여 소통하고 있다

의 매출과 수익을 극대화하기 위해 진행됐던 이벤트였던 만큼 업계에 귀감이 되었다. '가맹점이 살아야 본사가 산다'라는 제너시스BBQ그룹의 경영철학을 담은 이 프로모션의 패밀리 부담 금액은 '0원'이었으며, 본사에서 할인된 금액 전부를 부담했다. 어려운 경제 환경 속에서 유례없는 매출 상승을 이룬 패밀리들은 본사와 패밀리 간 소통 창구인 BBQ 내부 온라인 게시판을 통해 호평을 전하며, 향후 매출과 사업 신장 기대감을 표출하였다. BBQ는 이 마케팅을 통해 2018년 대비 2배 이상의 기하급수적인 매출 상승을 경험했다.

사회적 책임에 앞장서는 선진형 기업

BBQ는 아프리카 구호 단체인 '아이러브아프리카'와 '아프리카 구호 개발을 위한 사회 공헌' 업무협약을 체결하고 아프리카 어린이 돕기에 앞장서고 있으며 세계적인 빈곤과 기아 문제를 해결하기 위해 UN세계식량계획WFP과 '제로 헝거Zero Hunger, 기아 없는 세상 협약식'을 갖고 후원 활동에 앞장서고 있다.

BBQ는 패밀리와 함께 기금을 모으는 매칭 펀드 방식으로 연간 약 6억 원씩 아이러브아프리카와 UN WFP에 기부하고 있다. BBQ는 앞으로 5년 동안 두 기관에 각각 30억 원씩 기

네이버 해피빈과 기부 행사에서 아이스 버킷을 하고 있는 윤홍근 회장

부할 것을 약속했다.

이외에도 BBQ는 릴레이 형식으로 지역아동센터 및 노인 복지관 등에 치킨을 지원하는 치킨릴레이 나눔 행사를 매주 활발히 진행하고 있다. 치킨릴레이는 패밀리에서 재능 기부 및 봉사 활동 형식으로 매장 인근 지역아동센터, 노인복지관, 장애인복지관 등에 치킨을 조리해 나눠주며 본사에서는 일 부 원재료를 지원한다.

업계 1위를 넘어 이제는 세계 1위로

2003년 BBQ는 큰 결단을 내렸다. 국내 외식 프랜차이즈를 한 단계 발전시키고자 중국 진출을 강행한 것이다. 여러 시 행착오 끝에 현재 중국, 미국, 인도네시아, 베트남 등 전 세계 57개국과 마스터프랜차이즈 계약을 체결했으며 전 세계 30여 개국에 진출해 300여 개 매장을 보유한 글로벌 외식 프랜차 이즈 기업이 되었다.

BBQ는 글로벌 시장 진출 시 마스터프랜차이즈 형태로 진 출한다. 제너시스BBQ가 지향하는 마스터프랜차이즈 방식이 란 글로벌 프랜차이즈 브랜드들이 공통 적용하는 최신 해외

회사 행사에서 헹가래 받는 윤홍근 회장

진출 방식으로 현지 상황에 대해 잘 알고 있고 경쟁력 있는 기업에게 상표 사용 독점권을 부여하고 사업 노하우를 전수해 사업 성공 가능성을 높이는 방식이다. 경우에 따라서는 직영 형태로 진출해 플래그십 스토어 역할을 하기도 한다.

BBQ는 글로벌 진출 시 코벌라이제이션Kobalization, Korea+ Globalization을 추구하여, BBQ 고유의 한국적인 콘셉트를 유지하되 국가별로 차별화된 전략을 구사하고 있다.

BBQ는 2017년 3월 미국 프랜차이즈의 본고장이자 세계 경제의 심장부인 뉴욕 맨해튼에 맨해튼 32번가점을 오픈했다. 22년 동안 축적된 프랜차이즈 시스템과 노하우를 전부 담아 직영점 형태로 진출한 이 매장은 일매출 3만 불을 넘어서며 K푸드의 우수성과 선진화된 대한민국 외식 문화를 뉴요커 및 전 세계 관광객들에게 널리 알리는 글로벌 플래그십 스토어가 되고 있다.

윤홍근 회장의 비전은 뚜렷하다. 2025년까지 전 세계 5만 개 가맹점을 성공적으로 오픈해 맥도날드를 추월하는 세계 최대 최고의 프랜차이즈 기업으로 성장하는 것이다. 윤 회장은 말하는 대로 이루어진다는 '시크릿 법칙'과 어떤 기대나 강력한 믿음을 가지면 실제로 이루어진다는 '피그말리온 효과'를 믿는다. 지난 20여 년 동안 위기도, 실패도 종종 있었지만 항상 위기는 기회가 되었고, 실패는 다시 일어서는 밑바탕이 되었다.

'맥도날드를 뛰어넘는 세계 최대 최고의 프랜차이즈 기업'이란 목표에 대해 누군가는 허황된 꿈이라고 말할지 모르지만 오늘도 제너시스BBQ그룹은 전 세계 5만 개 매장 개설이라는 구체적인 목표를 달성하고자 부지런히 전진하고 있다.

회장

이동재

알파

학력
1996   중앙대학교 경영대학원 중소기업 경영자과정 수료

경력
1971   알파문구사 설립
1987   알파문구센터㈜ 법인 전환 대표이사
1992   전국문구협동조합 이사
1997   알파 전국 체인점 협회 회장
1998   남원고등학교 장학재단 이사
2018   한국문구공업협동조합장 역임
2018   중소기업중앙회 부회장 역임
현재   알파㈜ 대표이사 회장
현재   (사)한국문구인연합회 회장

상훈
2000   한국능률협회 프랜차이즈 우수업체 선정
2001   한국 프랜차이즈대상 우수 브랜드상 수상
2002   산업자원부 장관상 수상
2004   우수납세자 국세청장상 수상
2009   제36회 상공의날 산업포장 수훈
2011   한국유통대상 지식경제부장관상 수상(유통효율 혁신 부문)
2013   세종대왕 나눔 대상 서울특별시장상 수상
2017   한국유통대상 중소벤처기업부 장관상 수상
2020   대한민국 글로벌리더 수상(7년 연속)

문구 Art Shop-
Alpha
www.alpha.co.kr

문구는 Art 다

" Art 문구란 ,, 아름다운 상품과 제품이 아닌
새로운 작품이다.

Global Brand

문구는 Art다

문구에 가치를 더하면 '작품'이 되고 'Art'가 된다.

이 말은 미래 문구 산업은 상품이 아닌 작품으로서 교육 고객 서비스 산업으로 성장해 나갈 것이라는 의미를 담고 있다.

알파는 이러한 문구 산업의 미래 비전을 재조명함과 동시에 창립 50주년을 기점으로 '문구는 Art다'라는 미래 100년 경영철학을 새롭게 정립하고 차별화된 상품 전략으로 문구의 가치를 높여 나가고 있다.

문구는 삶의 질을 높여주고 윤택하게 만드는 필수적인 요소이고 변화와 혁신을 이끌어 내는 주요 아이콘이며 미래 비전을 만들어 가는 원동력이다. 또한 문구는 우리의 생각을 전달하는 매개체이며 자신의 역사를 만들어가는 리더 역할을 지속해 왔다. 즉 문구는 읽고, 쓰고, 말하는 과정에서 창의력과 소양을 쌓는 중요한 토대가 되었다.

문구를 잘 활용하는 사람은 미래 가치를 생산할 수 있는 훌륭한 리더가 될 수 있다. 이처럼 문구 산업은 미래를 개척해 나가는 데 있어 중요한 지식 기반 산업이며 식탁 위의 간장과 소금 같은 역할을 하고 있다.

이러한 명제 진리를 누구보다도 열정적으로 실천해온 이가 바로 알파㈜의 이동재 회장이다.

이 회장은 문구의 미래 가치를 조망하며, '도구'적인 측면에서는 '언어 표현의 완성체'가 될 것이고, '산업'적인 측면에서는 사회 지식의 기반으로 자리잡을 것이며, '생활'적인 면에서는 라이프스테이션을 완성해 나가는 기폭제가 될 것이고, '개발'적인 면에서는 자신의 완성도를 높여 나가는 가치 있는 매개체가 될 것이라고 힘주어 말한다. 즉 과거 학습 위주의 '연필'은 진화 과정을 거쳐 IT 기기를 컨트롤하는 '스마트 펜'으로 변모해 첨단 산업의 초석이 되었다. 쓰고, 읽고, 메모하는 문구의 기능은 산업의 발달과 함께 그 혁신적인 변화 과정을 거쳐 '스마트폰'이라는 최첨단 문구를 만들어 내게 된 것이다.

이처럼 문구는 산업 격동기의 소용돌이 속에서도 변화와 혁신을 통해 가치를 만들어가며 사회 깊숙이 뿌리내리고 있다.

그럼에도 최근 문구가 사양 산업이라고 말하는 이들도 있다. 이는 단순한 생각이다. 문구는 격동기를 거치면서 변화와 혁신을 통해 그 범위를 확장했고 사회적 역할을 키워 왔다. 그 과정에서 문구 프랜차이즈가 생겨났고 대형 문구점과 전문점 형태의 차별화된 문구점들도 새롭게 탄생했다.

다만, 오늘날처럼 치열한 경쟁을 해야 하는 환경에서는 '생존'의 지속과 성장을 위한 정책이 현실화되어야 한다.

첫째로 개개인 스스로가 자기개발 학습이 이루어져야 한다. 즉 일간지 필독을 통해 견문을 넓히는 노력이 있어야 한다.

둘째로 회사 이익률 개선을 위한 뚜렷한 목표와 노력이 전제되어야 한다. 이제 무조건 매출만 우선시하는 시대는 지났다. 경영 전략에 있어서 이익률 우선을 위해서는 매출과 투자 비용에 대한 안전하고 스마트한 사고가 뒷받침되어야 한다.

셋째로 차별화된 상품 개발과 크리에이티브Creative한 디자인 전략이 필요하다. 최근의 시장 트렌드는 유행을 선도하는 소비자만이 가질 수 있는 퍼스트First, 베스트Best 상품이 인기를 누리고 있다. 이에 따라 독특한 디자인과 개성이 넘치는 차별화된 상품이 시장을 지배하고 있다. 이 트렌드를 따라잡지 못하면 시장 경쟁에서 밀릴 수밖에 없다.

넷째로 물류와 사업부 간의 정보 공유와 시스템 연결이다. 최근 소비자는 '마켓컬리' 새벽배송 유통 채널처럼 퀄리티를 동반한 빠른 배송을 원하기 때문에 사업부와 물류 시스템 간의 체계적인 네트워크가 무엇보다 중요하다.

다섯째로 홍보 마케팅 전략이다. 요즘은 광고가 중요한 게 아니다. 소비자의 감성을 이끌어 낼 수 있는 매개체가 더 중요해졌다. 따라서 SNS를 통한 소비자와의 지속적인 커뮤니케이션이 필요하다. 이런 관점에서 홍보와 마케팅이 전개되어야 한다. 이러한 생존을 위한 지속 성장 정책이 현실화되고 실천된다면 문구 산업의 미래는 밝을 것이다.

문구의 역사와 가치 재조명 - 문구Art박물관

옛날 어른들이 사용하던 학용품부터 연필이 만들어지는 과정까지, 평소 궁금했던 문구에 대한 궁금증을 해결하고 국내 문구 산업의 변천사와 주요 문구업체들의 역사를 한눈에 볼 수 있는 문구Art박물관이 서울 남대문에 정식으로 개관한 지 1년이 흘렀다. 문구Art박물관은 국내 최초의 공식 문구 전문 박물관으로, 오래된 옛 문구와 희귀한 한정판 문구, 생활과 관련된 다양한 전시물을 통해 문구의 역사와 가치를 재조명하고 문구업계 종사자를 비롯해 문구를 아끼고 사랑하는 일반인들이 문구의 과거, 현재, 미래를 함께 공유하기 위해 개관했다. 메인 전시실과 갤러리에 마련된 제2 전시실 등 두 개 전시실로 이루어진 박물관에는 개인 기증자와 문구공업협동조

문구Art박물관

합, 주요 문구업체 등에서 기증받은 1,000여 점의 소장품이

빼곡히 전시되어 있다. 1950년대부터 현재까지 문구 역사의

흐름을 한눈에 볼 수 있는 귀중한 문구 자료들이 가득하며,

옛날 타자기, 주판, 악기 등 추억을 불러일으키는 소품들도 전

시되어 있다. 특히 모나미, 알파, 동아연필 등 오랜 전통을 지

닌 문구업체들과 콜라보로 제작된 전시대에는 각 업체의 대

표 제품과 브랜드 히스토리를 알아볼 수 있는 자료도 충실하

며, 한정판 문구나 각종 스페셜 에디션을 만나보는 귀한 체험

도 가능하다.

 한쪽에 마련된 갤러리에는 7~80년대 문구점 사진이나 옛

날 문구 생산 공장의 풍경, 신문 잡지에 게재된 옛날 문구 광고 등이 전시되어 풍부한 볼거리를 제공한다. 아이들에게는 신기한 옛날 문구를 구경하는 기회를 제공하고, 어른들에게는 옛 향수를 떠올리며 추억에 잠길 수 있는 시간을 주는 고마운 존재로써 국내에서 손꼽히는 문화 명소로 자리매김할 것이다.

문구Art박물관은 옛날 문구 제품을 모아놓은 단순한 박물관이 아니다. 시대적 의미를 담고 있는 독특하고 특징적인 소장품과 다양한 상품 전시를 통해 문구가 가진 가치의 본질을 더욱 높이고, 현대 생활에서 요구되는 삶의 질을 풍요롭게 만드는 데 일조하는 '문화콘텐츠 박물관'으로서의 기능을 충실히 갖추고 있다는 점이 여타 박물관과 차별화되는 가장 큰 특징이다.

문구Art 프랜차이즈기업

알파의 이 회장이 이룩한 가장 큰 업적 중 하나는 문구 프랜차이즈 도입으로 문구 산업의 패러다임을 견고하게 구축한 것이라고 할 수 있다. 이 회장은 1971년 남대문에 알파 본점을 설립하고, 1987년 국내 최초로 문구 프랜차이즈를 도입했다. 알파는 현재 전국 750여 개의 가맹점을 보유한 대한민국 대표 문구 프랜차이즈 기업으로서 7만 여 품목의 다양한 상품을 온·오프라인 시장에 유통하는 국내 최대의 문구 생활 종합유통 프랜차이즈로 성장했다.

사실 이 회장이 문구 프랜차이즈를 도입할 당시만 해도 시장 상황은 하루가 다르게 변화하고 있었다. 대형 할인점의 등장으로 완구점이 문을 닫았고, 대형 서점의 등장으로 작은 서점들이 문을 닫는 등 문구업계 역시 불확실성에 노출돼 있는 상황이었다. 이 회장은 "문구점도 결코 안정적이라고 장담할 수 없었다. 언제 사양산업으로 내리막길을 걷게 될 지 알 수 없어서 생존을 위한 차별화 전략으로 '문구 프랜차이즈'를 도입했다"고 설명한다. 프랜차이즈 도입 초창기에는 알파가 구축해온 신뢰 하나만으로도 살아남을 수 있었다. 제품에 이상이 있을 때 영수증만 있으면 전액 현금으로 환불해주었고, 주문한 상품을 빠른 시간 안에 받아볼 수 있도록 직접 발로 뛰며 배송을 해줬기 때문이다. 하지만 그마저도 눈에 띄게 변화하는 시장 상황 속에서 더 이상 버팀목이 되어주진 못했다. 이 회장은 이번에는 '시장통합' 전략을 세워 문구에서부터 전산, IT, 생활용품, 식음료를 망라하는 '문구편의숍shop' 모델을 구축하며 정면으로 승부수를 띄웠다. 문구 프랜차이즈에 이어 문구와 오피스, 그리고 생활영역을 하나로 연결하는 새로운 모델숍을 제시한 것이다. 또 모든 프랜차이즈 매장에 '포스POS'를 도입하며 시스템의 혁신도 꾀했다. 소비자 대응력을 높일 수 있도록 포스 시스템을 기반으로 전국의 체인점과 본사 간의 네트워크를 연결시켜 가격의 오차를 줄이고 운영의 투명성을 증대시킨 것이다.

이러한 '창조적 변화와 혁신'은 알파를 수년간 대한민국을 대표하는 문구 산업의 대명사로 장수하게 하는 원동력이 됐다. 이 회장은 "어떠한 환경 속에서도 문구가 롱런할 수 있도록 문구 산업의 체질 개선에 힘썼다"며 "그것이 국내 문구 산업을 위해 알파가 해야 할 중요한 사명"이라고 생각했다고 말한다.

신新 문구 가치 창출 – 문구아트몰(문구Artmall)

이 회장은 '문구편의숍'을 모토로 미래에 대한 가치 추구와 인재 양성, 효율적 관리 등을 기반으로 내실 다지기에 주력하

알파의 새로운 쇼핑몰, **문구**와 **아트**의 가치를 더하다!

www.alpha.co.kr
15만여 가지의 상품을
클릭 한 번으로 편리하게

m.alpha.co.kr
모바일 웹 / 앱으로
언제 어디서나 편리하게

Tel. 1811-0096
기업 고객을 위한
맞춤 컨설팅

대량견적 시스템
자동견적 할인구매

문구Artmall

며 외형을 키워왔다. 외환 위기가 한창이던 1999년, 오프라인 매장을 이용하기 어려운 고객들의 라이프 사이클을 고려해 알파의 온라인 쇼핑몰인 '문구아트몰www.alpha.co.kr'을 오픈했다. 또한 B2B, MRO 시스템을 도입해 문구 유통의 전반적인 혁신을 꾀했다. 문구업계 최대 물류 인프라를 구축해 당일 및 익일 배송 체제를 확립한 것도 그가 이룩한 괄목할 만한 성과다. 온라인 주문과 관련, 가맹점주의 매출 향상도 고려했다. 문구아트몰에 '관리 체인점'으로 등록하면 주문 상품에 대한 권역배송을 함으로써 여기에서 발생하는 실질적인 수익을 체

알파수

알파워 건전지

인점에 배분하는 상생 구조를 정립한 것이다. 덕분에 고객은 가맹점이 문을 열고 있는 오전 8시부터 오후 8시까지 가까운 가맹점을 통해 배달 서비스를 지원받을 수 있게 됐다. 또 세미나, 워크숍 등 한꺼번에 대량 주문이 필요한 상황에도 물품을 행사장까지 안전하고 편리하게 배송받는 서비스를 지원받게 됐다. 이 밖에도 이 회장은 최근 소비자의 다양한 수요 접근에 부합하도록 업계 최초로 모바일 서비스를 구축, 스마트 쇼핑을 가능케 했다.

이와 더불어 알파는 경쟁력 제고를 위해 자체 브랜드 개발에 주력해 3,000여 가지에 이르는 PB 상품 라인업을 구축하는 성과를 이룩해 냈다. 품질과 디자인이 우수한 제품을 고객에게 저렴하게 제공하기 위해 상품 개발에도 적극적으로 나섰으며, 그 결과 대표적인 PB 상품으로 점착메모지인 엠포스지 M-POSGY와 엠테이프M-TAPE, 전문 미술재료 아트메이트Artmate, 럭셔리 브랜드 네쎄NeCe, 지능학습 개발 토이 알파Toy Alpha, 몸이 사랑하는 물 알파수水 등 다채로운 제품이 출시됐다. 특히 점착메모지 '엠포스지'는 글로벌 시장을 겨냥해 출시한 야심작으로 우수한 품질과 디자인을 인정받아 중소기업청장상(2013, 2015, 2017, 2018), 산업통상자원부장관상(2014) 등 5년 연속 신

엠포스지와 엠테이프

제품 경진대회 수상의 영예를 안기도 했다.

또한 엠포스지와 엠테이프는 2017년 한국산업진흥원에서 선정한 '서울시 우수중소기업상품'으로 선정되어 '우수상품 인증마크'를 부착한 '혁신상품'으로 소비자에게 선보이고 있다.

현재 알파는 매월 15개가량의 제품을 선보이고 있다. 이러한 PB 상품 개발은 영세한 국내 문구제조 사업자에게는 생산 기회를 제공해 안정된 수급과 자금 회전률을 높여준다는 점에서 높이 평가받고 있다.

이렇듯 이 회장은 제조와 유통이 유기적으로 결합된 독특한 경영 전략을 통해 문구 산업 전반에 걸쳐 긍정적인 영향력을 미치고 있다. 또 이러한 막강한 브랜드 파워를 토대로 해외 시장 진출에도 박차를 가할 계획이다. 현재 알파는 베트남, 미얀마, 몽골과 아프리카 등에 제품을 수출하고 있으며 점차 그 지역을 확대해 나갈 예정이다.

미술재료 전문 유통 - 아트메이트Artmate

알파의 미술재료 종합유통 브랜드인 아트메이트는 미술재료를 비롯한 모형재료, DIY, 인테리어 용품 등을 전문 유통 시스템으로 재구성하여 온.오프라인 종합 할인점의 새로운 모습을 선보였다.

아트메이트는 국내뿐만 아니라 글로벌 시장 경쟁력 확보를 목표로 'K-문구'를 대표하는 미술 전문 브랜드 상품을 비롯해 국내외 유명 제품 5만여 상품을 한곳에 모았다.

특히 화방 제품에만 국한되어 있던 기존 시스템을 혁신하여 미술재료와 취미, 힐링 상품 등을 보강하여 현대적인 삶의 문화 창작 예술 활동을 가능하게 만들었다. 또한 다양하고 섬세한 소비 패턴에 맞춰 유형별 카테고리 상품으로 진열해 복잡하고 어려웠던 상품 구매 시스템에도 편의성을 더하며 고객들의 만족도를 높였다.

알파의 차별화된 생각은 이뿐만이 아니다. 미술재료 종합

아트메이트

유통 브랜드 전문 카탈로그를 만들어 B2B, B2C 고객을 비롯해 예술계 학교, 단체, 마니아 등 다양한 업계에서 온·오프라인으로 편리하게 이용할 수 있도록 하여 위축된 화방 시장에 새로운 활기를 불어넣는 동시에 생산과 유통이 함께 성장하는 상생의 장을 마련했다.

이 밖에도 알파 중부물류(대전) 아트메이트 체험 라운지 공간에는 전문 작가들이나 미술 관련 동호인들이 정보 교환 및 티타임을 즐기면서 쇼핑도 할 수 있는 커뮤니티 공간과 테스트 존Test Zone을 함께 제공해 맞춤형 쇼핑이 가능하도록 만들었다.

즉 온라인 마켓에서는 보기 힘들었던 미술재료를 직접 본 후에 구입할 수 있도록 시스템에 변화를 줬다. 이는 미술재료 전문숍으로서는 최초의 시도로 업계 및 관계자들로부터 호평을 받았다.

문구업의 대표 주자 - 문구Art매거진

이동재 회장은 안으로는 알파의 내실을 다지고 밖으로는 문구인의 권익 향상을 위해 공헌해 왔다. 1992년 전국문구협동조합 이사를 시작으로, 2010년부터 2014년까지 한국 문구업계를 대변하는 (사)한국문구인연합회 이사장, 2015년에는 한국문구공업협동조합 이사장, 2016년에는 중소기업중앙회 생활산업 부회장까지 겸임하면서 문구 산업 발전을 위해 일했다. 또한 문구 전문 월간지 〈문구Art매거진〉 발행을 통해 문구 산업 육성에도 앞장서 왔다. 국내 문구 소매점, 문구 유통업체, 문구 도매업체, 문구 생산업체를 비롯한 관공서, 학교, 기업 등에 매월 1만 부씩 무상 배포되고 있는 〈문구Art매거진〉은 문구업계 최고의 대변지로 평가받고 있다.

사회 공헌을 실현하는 나눔 경영 - 연필장학재단

이 회장은 "나눔의 실천은 인류가 발전하는 것이다"라고 늘 강조한다. 이 회장의 나눔 정신은 알파의 역사 속에도 고스란히 녹아 있다. 현재의 알파를 있게 한 남대문 알파 본점은 70년대 남대문 주변 상인들에게 수돗물을 제공하고 화장실을 개방한 것을 시작으로 상생의 정도를 걸어 왔다. 10여 년 전부터는 본점 내에 '알파갤러리'를 오픈해 어려운 환경 속에 작품 활동을 하는 신진 작가들에게 무료 전시 기회를 제공하고, 매장을 방문하는 고객에게는 무료 관람의 기회를 제공하고 있다.

　2006년 설립한 '연필장학재단'은 그가 일궈 낸 사회공헌 활동의 집약체이다. 자신의 몸을 깎아 더 나은 미래를 열어주는 연필의 희생과 봉사 정신을 담는다는 취지에서 만들어진 연필장학재단은 초기에 직원들이 점심 한 끼를 줄여 모은 돈으로 후원금을 마련하는 것에서 출발했다. 현재는 체인점, 협력업체, 고객들이 보탠 작은 정성을 모아 중고등학생을 대상으로 연간 3억 원가량의 장학금을 지원하고 있다. 2007년부터는 지원 대상을 확대해 외국인 유학생들에게도 장학금 수급 기회를 제공하고 있다. 현재까지 500여 명이 지원을 받은 상

연필장학재단

황이며 앞으로 10만 회원 모집을 목표로 하고 있다.

　문구인의 지식 함양과 창업 비전 등을 교육하는 '문구유통사관학교'도 알파가 실천하는 또 다른 사회 나눔 활동이다. 알파 가족사원과 가맹점, 창업 희망자를 대상으로 경영과 경제 지식, 마케팅 영업 전략, 창업의 기본 요건 등을 교육한다. 문구유통사관학교를 통해 알파는 매년 우수인력을 배출하고 있는데, 경영이론뿐만 아니라 실제 문구 프랜차이즈 경영에 필요한 실질적인 현장 교육을 제공해 인기가 높다.

　이동재 회장은 이처럼 다채로운 사회 나눔 활동을 지속하고 있으며, 그러한 공로를 인정받아 2005년 중소기업유공자 국무총리 표창, 2006년 대통령 표창, 2009년 산업포장 훈장을 수여받았다. 하지만 이동재 회장은 이에 안주하지 않고 앞으로도 문구인으로서 더 큰 그림을 그려 나갈 계획이다. 뿌리가 튼튼해야 제대로 가지를 뻗고 많은 과실을 기대할 수 있는 것처럼 생산과 유통 전반이 화합·상생하는 방안을 강구함으로써 문구 산업 발전의 시너지를 높일 계획이다.

100년의 새로운 출발 - 세계인의 불꽃 '문구Art'

알파는 제조와 유통을 결합한 차별화된 전략으로 문구업계의 리더로 성장을 지속해가고 있으며, 세계인과 소통하는 글로벌 기업으로 도약할 준비도 착실히 해 나가고 있다.

또한 알파는 제품과 상품이 아닌 새로운 작품으로 문구Art 시대를 펼쳐 나갈 것이다. 문구가 단순한 상품을 넘어 하나의 '작품'으로서 생산, 유통, 소비자가 보고 느끼며 만족도를 높일 수 있는 아트 문구의 시대를 만들어 나갈 것이다.

알파는 미래를 향해 타오르는 불꽃처럼 세계인의 기업으로 발돋움할 것이라고 이 회장은 힘주어 말한다.

66 문구에 가치를 더하면 '작품'이 되고
'Art'가 된다. **99**

대표이사

이승현

인팩코리아

학력

고려대학교 경영학 석사 Executive MBA

경력

1986~2006	삼성전자 주식회사 기획관리본부, 일본주재원, LCD TV Project Manager(초대)
2006~2015	주식회사 제이에이이코리아 JAE Korea 대표이사
2015~현재	주식회사 인팩코리아 Inpaq Korea 대표이사
	한국외국기업협회 Korea Foreign Company Association 명예회장
	산업통상자원부 외국인투자정책 개편 자문위원
	서울시 외국인투자유치 자문위원
	부산진해경제자유구역청 자문위원
	고려대학교 경영대학 자문위원
	고려대학교 교우회 부회장(운영위원, 장학위원)
	고려대학교 경제인회 부회장

상훈

2003	Global Marketing Award 대상(삼성전자)
2016	FORCA 대상(한국외국기업협회)
2016	자랑스런 한국인 대상(한국언론인연합회)
2018	대한민국 글로벌리더(매경미디어그룹)
2018	중앙일보 글로벌 경영대상
2019	조선일보 최고경영대상
2019	대한민국 글로벌리더(매경미디어그룹)

INPAQ
INPAQ Korea Co., LTD

IT 강국 코리아의 밑거름이 된 부품 소재 강소기업

인팩코리아는 대만 인팩 테크놀로지INPAQ Technology와의 합작법인으로 2008년 2월 설립된 IT 전자 부품 전문기업이다. 스마트폰, 디지털 TV, 자동차 등 전류가 흐르는 모든 제품에 사용되는 수동 소자류와 RF 안테나를 삼성전자 등의 글로벌 기업에 공급하고 있다. 세계 최고의 휴대폰과 디지털 TV에는 인팩코리아의 주요 부품들이 사용되고 있으며 특히 GPS 안테나는 세계 시장 점유율 1위다.

인팩 테크놀로지는 1998년 6월에 설립됐으며, 그룹 전체적으로 약 300명의 개발 인력과 약 4,000명의 종업원이 있다. 대만과 중국에 생산 공장을 두고 있으며 자본금 규모는 약 6,000만 달러, 매출액은 약 3억 달러다.

삼성·LG에 납품하며 글로벌 수준 실력 쌓아

인팩코리아가 지금까지 이룬 가장 큰 성과는 세계 최고로 꼽히는 삼성전자와 LG전자에 제품을 공급하게 된 것이다. 이승현 인팩코리아 대표는 이 성과에 대해 특별한 무언가가 있지

산업부 주관 외국인투자 카라반

는 않다고 강조한다. 다만 정직하게 열심히 최선을 다한 결과 세상이 배신하지 않은 것이라고 말한다. 소박해 보이는 이 말은 그의 좌우명이기도 하다. 인팩코리아의 주 고객사 중 하나인 삼성전자의 경우 연간 수억 원대에 달하는 휴대전화와 수천만 대에 달하는 디지털 TV를 생산하고 있다. 만약 여기에 사용되는 부품 중 어느 하나라도 품질에 이상이 생긴다면 삼성전자는 지금껏 쌓은 고객 신뢰에 큰 오점을 남기게 된다. 삼성의 까다로운 품질 관리는 업계에서 유명하다. 자연스레 삼성전자에 제품을 납품하려는 협력사 역시 하루라도 빨리 삼성전자의 검증을 통과하는 것이 지상과제다. 인팩코리아는 처음에 삼성전자 납품을 시도할 때부터 역으로 고객사에 엄격한 검증을 요청했다. 이 같은 적극적인 품질 경영 노력에 힘입어 10여 년이라는 세월 동안 무리 없는 공급 관계를 이어오고 있다.

인팩코리아는 이승현 대표가 태어나 처음 창업한 회사로 규모는 그리 크지 않지만 세계 최고 전자 회사인 삼성전자 및 LG전자와 거래한다. 인팩코리아가 공급하는 제품들은 100년 넘게 미국, 유럽, 일본 등 선진국 기업들이 장악하고 있던 분야다. 소재부터 제조에 이르기까지 정밀함이 요구되며 까다로운 검증 절차를 거쳐야만 공급이 가능하다. 특히 삼성전자의 경우 품질 검증이 엄격하고 그 절차도 까다롭기로 유명하다. 수십 년 전부터 시장을 선점하고 있던 기업들은 기술력과 원가 경쟁력, 마케팅 능력이 탁월하다. 이들과의 경쟁을 뚫고 납품을 성사시켰다는 점에서 인팩코리아 임직원들의 장인 정신을 느낄 수 있다.

인팩코리아가 삼성전자를 비롯한 세계 최고의 기업들에 전자 부품을 공급하는 것은 철저한 품질 관리와 기술 개발을 통해 고객이 원하는 양질의 제품을 개발함으로써 신뢰를 얻었기 때문이다. 인팩코리아의 직원들은 자신들이 생산한 부품의 토대 위에서 삼성전자 LCD TV가 세계 1등이 됐다는 것에 큰 자부심을 느낀다. 삼성전자 TV는 세계 최강 소니를 제치고 7년 넘게 세계 1위 자리를 지켜오고 있다. 2000년대 초반만 해도 삼성전자나 LG전자의 해외 인지도는 매우 낮았다. 일본의 소니, 파나소닉, 도시바, 샤프 그리고 유럽의 필립스와 비교하면 초라할 정도였다. 그러나 1990년대 말부터 불어닥친 디지털화 바람이 오늘날 한국산 TV가 세계 최강으로 올라설 수 있는 기회가 됐다. LCD TV 일류화를 위해 삼성 그룹 전체의 역량을 몰아준, 어찌 보면 다소 무모한 결정이 지금의 세계 1위 제품을 만드는 밑거름이 된 셈이다. 삼성전자의 디스플레이 기술은 LCD를 넘어 이제 LED, QLED 등으로 진화 중이다.

최고를 꺾기 위해 모든 걸 쏟아붓다

1999년 삼성전자 도쿄 주재원은 그룹 최고위층으로부터 일본 시장에서 삼성전자 브랜드의 인지도를 높일 수 있는 방안을 강구해 보라는 지시를 받았다. 당시 삼성 일본 본사 신규 사업팀장으로 있던 이승현 대표는 액정모니터를 일본 전자상거래 시장에서 판매하는 것을 제안하였다. 당시 일본 삼성의 고위층과 한국 본사 모니터 사업 책임자의 전폭적인 지원 아래 2000년 3월 전자상거래를 통해 처음 삼성전자 액정모니터를 일본 전역에 판매하기 시작했다. 이 일은 액정의 본고장이라고 자처하는 일본 시장에서 "삼성이 일본에 위협을 가했다"라고 언급했을 정도로 당시 TV 방송을 포함한 많은 언론에서 관심을 보였다. 덕분에 많은 일본인 사이에서 삼성 액정 제품에 대한 인지도가 크게 높아졌다. 이로써 당시 17인치 액정모니터 한 대 값이 200만 원을 호가하였음에도 기대 이상의 성과를 거뒀다.

이승현 대표가 액정의 본고장이자 가장 배타적인 일본 시장에서 기대 이상의 성공을 거둘 수 있었던 이유는 다음 세 가지 비결 때문이다. 첫 번째는 모든 마케팅을 최고급화하는 전략이었고, 두 번째는 일본 본토 전역으로 24시간 이내에 상품을 배송해주고 고객 문의에 24시간 대응할 수 있는 콜센터를 운영한 것이었다. 마지막 세 번째는 고객이 제품을 직접 체험해보고 타사 제품과 비교할 수 있도록 홈페이지와 전시장을 마련한 것이었다.

이승현 대표는 2001년 5월에 삼성전자 한국 본사로 귀임했

외국기업의 날 개회사

다. 귀임 당시 미국, 일본, 한국을 중심으로 디지털 TV에 대한 논의가 무르익고 있었다. 아직까지는 부피가 큰 프로젝션 TV와 플라즈마 TV가 대세였다. 당시 액정 TV는 30인치 이상의 크기가 기술적으로 어렵다는 의견이 지배적이었다. 소니와 파나소닉 등 기존 메이저들도 액정 TV보다는 평면브라운관^{PDP} TV에 주력했다. 이승현 대표는 일본 시장에서 쌓은 액정모니터 사업 경험을 바탕으로 액정 TV PM 조직 신설을 건의했고, 2002년 초 5명의 인력으로 액정 TV PM 그룹이 만들어졌다. 개발은 액정모니터 개발 인력이 겸직하는 것으로 했으며, 약 1년여 후 액정 TV 개발 전담 조직이 만들어지면서 사업이 본격화되기 시작했다.

여느 신사업이 그렇듯 액정 TV 역시 개발, 마케팅 등 초기 비용이 많이 소요됐으며 예상치 못한 기술적인 문제가 많이 발생했다. 이러한 역경을 뚫고 삼성전자 액정 TV가 세계 1위가 될 수 있었던 요인은 크게 3가지다. 첫째는 최고경영층의 미래를 보는 예지력과 시설 및 마케팅 투자에 대한 과감하고 빠른 의사결정 체제였다. 둘째는 액정 TV의 약점이었던 대형화를 전면에 내세우면서 고객들이 액정 TV를 직접 눈으로 보고 경험할 수 있도록 했던 일관된 광고 전략이었다. 마지막으로 이를 기술적으로 뒷받침해줄 뛰어난 개발 책임자도 중요한 요인이었다. 이외에도 물류 체계 구축 등 여러 가지 조건이 뒷받침됐다. 그렇지만 가장 결정적인 요인은 앞서 소개한 3가지다.

이승현 대표에게 액정 TV PM 그룹장으로서 초기 2년 동안은 매우 힘든 시기였다. 일단 제품의 완성도가 너무 떨어졌다. 또 고객들에게 상품을 알리기 위해서는 유통점에 전시해야 하는데 당시만 해도 미국이나 유럽 시장에서 삼성의 브랜드 인지도가 낮아 대형 유통점들이 전시 공간을 쉽게 내주지 않았다. 액정 디스플레이는 노트북 컴퓨터용이나 모니터용 수요가 많아서 기술력이 요구되는 TV용 디스플레이는 우선순위에서 밀리는 상황이었기 때문에 개발이 녹록치 않았다.

'신의 한수' 액정 TV 일류화 위원회

당시 삼성전자 대표이사였던 윤종용 부회장은 액정 TV 일류화 위원회 설치를 지시했고, 사업 초기에 스스로 위원장이 되어 분기별 투자 현황과 핵심부품 개발 상황을 직접 점검했다. CEO가 직접 나서자 액정 TV는 서서히 전사적 프로젝트로 그 중요성이 부각됐다. 광고, 판촉 등 마케팅 분야에서도 총

진선미 여성 가족부 장관 초청 포럼

력 지원을 받게 되면서 사업은 활기를 띠었다. 특히 이탈리아 시장에서 점유율 30%를 돌파하면서 프랑스, 영국, 독일, 스페인 등지로 영향력이 확대되었고 마침내 미국에서도 삼성 액정 TV 판매가 본격화되기 시작했다.

삼성은 액정 TV의 대형화를 위해 당시 세계 최초로 40인치와 29인치를 개발했는데, 이 제품들은 미국 라스베이거스에서 열리는 CES 등 해외 전시회에서 큰 반향을 불러일으켰다. 당시 40인치 액정 TV 1대의 가격은 2,000만 원을 호가했음에도 고급 TV를 원하던 국내 일부 고객들 사이에서 큰 인기를 누렸다. 이는 삼성전자가 세계 TV 1위가 될 수 있던 원동력이었다.

출시 당시 40인치 액정 TV의 완성도는 매우 낮았다. 액정

인팩 테크놀로지 중국 행사 참가

디스플레이 뒷면에 백라이트(형광등)가 있어 화면을 밝게 해
주었는데, 수명이 짧아서 화면이 어두워지면서 검게 변하는
현상이 자주 나타났다. 대형 디스플레이의 생산 수율도 너무
낮아 디스플레이 가격이 비쌀 수밖에 없었다.

당시 액정 디스플레이 기술은 일본 샤프가 독보적이었다.
하지만 아날로그 분야에서 독보적인 존재였던 일본 전자업체
들은 완벽하지 않은 상품은 출시하지 않는다는 정책을 고수
했다. 반면 삼성전자는 디지털 시대에 적합한 의사결정을 통
해 일단 시도해보고 안 되면 보완하는 방식을 취했다. 이러한

전략의 차이는 삼성이 빠른 속도로 일본 기업들을 추격하고 마침내 추월하는 원동력이 됐다.

사회에 도움이 되는 기업이 진짜

이승현 대표는 지속 가능한 기업 경영이 이뤄지기 위해서는 우리 사회가 안정되고 안전해져야 한다고 강조한다. 특히 사회적 문제인 청소년 폭력으로 인해 미래의 꿈나무들이 목숨까지 버리는 안타까운 사례가 생기는 것은 사회적으로 막대한 손실이다. 청소년들이 건강하고 바르게 성장해 대한민국의 초석이 되는 데 도움이 되고자 그는 청소년폭력 예방단체(청예단)에 오래 전부터 동참해오고 있으며, 농촌 지역 초등학교 졸업생들을 대상으로 장학금도 기부해 오고 있다. 농촌 지역의 경우 의외로 생활 형편이 넉넉하지 못해 중학교 진학 시 교복 구입에 어려움을 겪는 사례가 많다.

이외에도 생활이 어려운 대학생들이 아르바이트 때문에 정작 필요한 장학금을 받지 못하는 사태를 막고자 모교에서 시행하는 장학금 기부에도 동참하고 있다. 청소년과 청년뿐 아니라 노인복지시설에도 일정액을 매년 정기적으로 기부하는

외투기업 대표자 청와대 간담회

등 건강하고 행복한 대한민국 건설을 위해 나눔의 삶을 실천
하고 있다.

　이승현 대표는 경영자의 가장 중요한 역할로 지속 가능한
경영 체계를 구축하는 것과 구성원들이 만족한 삶을 살아갈
수 있는 터전을 만들어주는 것을 꼽는다. 주주 이익 극대화도
중요한 우선순위다.

　"정보화 및 디지털화 시대가 되면서 변화의 속도가 상상을
초월할 정도입니다. 경쟁 구도도 이제는 글로벌화됐습니다. 어
디서 누가 무엇을 하고 있는지, 언제 어떤 경쟁자가 나타날지

생각하다 보면 식은땀이 흐르고 정신이 오싹해집니다. 기업의 경영자라면 누구나 느끼고 있을 것입니다."

구성원과 소통하는 리더

경영자 한 사람의 힘으로 지속 경영을 이루기는 불가능하다. 이러한 사실을 누구보다 잘 알고 있기 때문에 이승현 대표는 구성원 한 사람 한 사람이 주인의식을 가져야 한다고 강조한다. 흔히 리더는 방향을 제시해야 한다고 쉽게 말하지만, 그는 리더는 구성원들이 방향을 제시하도록 유도하고 그것이 실행되도록 뒷받침해주는 역할을 맡아야 한다고 생각한다. 젊고 유능한 구성원들이 자유롭게 일하는 가운데 자연스럽게 기업이 나아갈 방향이 손에 잡혀야 한다는 생각이다. 구성원의 적극적 참여를 이끌어 내기 위한 합당한 소득 분배도 이 대표가 중시하는 기업 경영의 원칙이다.

경영 비전을 달성하기 위해서는 무엇보다 고객에게 도움이 되는 제품을 개발하는 것이 가장 중요하다. 경쟁사를 추격하거나 이기는 것은 그 다음 문제다. 각 회사마다 고유의 장점이 있기 때문에 모두가 공존할 수 있는 산업 생태계가 만들어져야 한다. 맹수나 동물도 자신의 생명이 걸렸거나 그와 직결되는 경우를 제외하고는 지나친 싸움을 하지 않는다.

인팩코리아의 지향점은 신의창신信義創新, 이인위본以人僞本, 주이불비周而不比 3개의 사자성어로 요약된다. 한 가문이 수백 년, 수천 년간 유지되는 것은 피로 맺어진 신의 때문이듯 아무리 훌륭한 제품이 있고 뛰어난 능력을 가지고 있어도 신뢰 관계가 없으면 사상누각에 지나지 않는다. 그렇기 때문에 이승현 대표는 구성원 간의 신의를 무엇보다 중시한다. 변화하는 산업 사회에서 낙오자가 되지 않기 위해서는 새로운 제품이나 새로운 방법 등을 개발하는 것도 물론 중요하다. 이를 위해 인팩코리아는 인재 육성과 교육을 강조한다.

이승현 대표는 지나친 상대평가를 지양한다. 특히 누구나 장단점을 갖고 있기 때문에 구성원 간의 능력 비교는 무의미하다고 강조한다. 심지어 경영자인 이 대표 스스로도 개선할 점이 많다고 생각한다. 한순간 구성원이 경영자의 생각에 못 미칠 때는 아쉽지만 스스로를 뒤돌아보면 구성원이 부족한 것이 아니라 스스로의 기준으로 구성원을 평가했음을 자각한다.

이승현 대표는 우리 민족이 앞으로 나아가야 할 분야는 정밀함과 치밀함이 요구되는 전자산업이나 바이오산업이라고

무료급식 지원금 전달식

생각한다. 이미 일부 대기업들이 관련 사업을 활발히 하고 있지만 소재나 부품 등 기초기술 분야는 여전히 부족하다. 이런 분야는 시간과 인내가 필요하다. 이 대표가 젊은 직원들에게 "주변 유행을 너무 좇지 말고 기초 실력을 쌓기 위해 노력하라"라고 강조하는 것도 이러한 이유에서다.

국내 진출 외국 기업들의 한국 투자 유치 지원

이승현 대표는 현재 한국외국기업협회 회장직도 맡고 있다. 한국외국기업협회FORCA, Korea Foreign Company Association 는 1978년에

외국기업협회 CEO 포럼

설립된 산업통상자원부(당시 상공부) 산하의 법정 단체로 한국에 진출해 있는 모든 외국 기업 및 외국인 투자법인을 대표하는 경제 단체이다. 협회는 산업통상자원부 무역 투자 정책실과 협력하여 외국인 또는 외국 기업들이 한국 내에 투자를 많이 할 수 있도록 지원해주는 정책을 최우선적으로 펼치고 있다. 또한 산업별 분과위 활동을 통해 회원사의 애로사항 청취 및 법률 입법과 개정 등을 정부에 건의하여 경영 활동이 용이하도록 지원하고 있다. 이외에도 대표자들의 경영지식 함양을 위한 CEO 포럼을 월 1회 개최하고 있으며, 노숙자 무료 급식, CEO 특강 및 청년 취업 지원 등의 사업을 하고 있다. 또한 외국인 투자자들이 한국에 빠르고 안전하게 정착할 수 있도록 돕는 정주 여건 개선에도 노력하고 있다.

현재 국내에는 약 1만 4,000여 개의 글로벌 기업들이 활동을 하고 있다. 외국 기업들은 매년 약 200억 불 이상의 외국인 직접투자Foreign Direct Investment와 국내 발생 이익 중 약 20조 원 등을 더한 연간 약 50~60조 원 규모의 신규 투자를 통해 대한민국 전체 수출의 약 20%, 총 고용의 6%를 책임지며 한국 경제의 한 축을 담당하고 있다.

이 대표는 제4차 산업혁명을 리드할 세계적인 기업들이 한국에 많은 투자를 하게 하여 대한민국이 세계 경제의 중심축이 되는 것을 목표로 삼고 있다. 이 대표는 "한국에서 활동 중인 외국계 기업의 대표들은 국가관이 투철하며 한국 내에 개발 및 생산 공장, 판매 거점 등을 만들어 수출 증대에 기여하고 있을 뿐 아니라 새로운 일자리 창출에도 크게 기여하고 있다"면서 "한국외국기업협회장으로서 외국 기업의 한국 투자 유치를 지원하고 회원사들의 권익 보호에도 앞장설 것"이라고 밝혔다.

회장
이재환

톱텍

학력
부산기계고등학교 졸업
동서대학교 기계과 졸업
부산대학교 경영대학원 졸업

경력
1992	톱텍 창업
2010	동서대학교 총동창회장
2011	나눔재단 월드채널 중앙후원회장
2011	충남디스플레이산업 기업협의회 부회장(4년 임기)
2012	구미불산사고 기업대책위원장
2014	코스닥협회 이사(2년 임기)
현재	㈜톱텍 대표이사

상훈
2009	모범중소기업인 대통령 표창 수상
2009	올해의 최고기업인상(구미시)
2010	중소기업 발전 공로 표창장(중소기업중앙회)
2010	지식경제부장관상 수상
2011	벤처기업 국무총리 표창 수상
2013	세종대왕 나눔봉사대상
2013	2020년 미래 100대 기술과 주역 수상(한국공학한림원)
2015	중견기업의 날 산업통상자원부장관상 수상
2015	생생코스닥대상 최우수상(한국거래소)
2016	대통령 산업포장 수상(행정자치부)
2018	대한민국코스닥대상 최우수경영상 수상(한국거래소)

TOPTEC

나노 소재의 전도사 이재환 회장

톱텍의 이재환 회장은 경상북도 봉화가 고향이다. 1967년 2월 생으로 어린 시절 부산으로 유학을 와 부산기계공고와 동서 대 기계과를 나왔다. 1992년 26살의 젊은 나이에 톱텍을 창 업한 그는 반도체, 2차전지, 디스플레이 부문의 자동화 설비 와 장비에서 탄탄한 기술력을 인정받으며 톱텍을 코스닥 상 장사로 키웠다. 그는 새로운 기술을 통한 혁신으로 긍정적 변 화와 발전을 이끌었을 때 보람을 느낀다는 전형적인 엔지니 어다. '꿈의 소재'라는 나노 멤브레인에 이끌려 누구도 가보지 않은 나노 소재 양산의 길에 도전한 것도 이 같은 성향 때문 이다. 2007년부터 나노 소재 개발을 시작하여 대량양산 원천 기술의 개발을 완료하고, 2012년 레몬을 톱텍의 자회사로 설 립해 결국 13년의 노력 끝에 2020년 2월 기술특례 상장을 일 궈내는 뚝심을 발휘했다.

수많은 사람이 함께 열심히 일하는 모습을 볼 때 가장 행 복하다고 말하는 이 회장은 임직원이 즐겁게 일할 수 있는 지 속성장의 틀을 만드는 것이 기업 오너가 해야 할 일이라고 말 한다. 자신의 휴대폰에 나노 소재를 활용할 수 있는 분야에 대한 메모를 61개나 써 놓을 정도로 나노 소재의 전도사 역할에 여념이 없다.

이재환 회장에게는 부산기계공고에서 만나 지금까지 함께해 온 동업자가 있다. 고교 동기인 방인복 사장이다. 이 회장과 방 사장은 1992년 33m^2 남짓한 사무실에서 공장자동화 설비 개발 및 제작 전문기업인 톱텍 엔지니어링을 설립했다. 당시 '1억 이상의 매출을 올리는 기업을 만들어 보자'고 의기투합했는데, 1996년 톱텍으로 법인 전환 후 28년간 공장자동화 설비 개발 및 제작 전문기업으로 꾸준한 매출 성장 달성을 달성하며 2017년 매출 1조원의 기업으로 성장하였다. FA 설비의 국산화 및 개발을 통해 2015년 2,305억 원, 2016년 3,926억 원, 2017년 11,384억 원을 달성하며 394%라는 지속적인 성장률을 보이며 자동화 설비 산업의 경쟁력 강화 및 활성화에 기여하였다. 방 사장은 2016년 1월 고용노동부와 한국산업인력공단이 선정하는 '이달의 기능한국인'으로 뽑혔다.

이 회장은 "톱텍 엔지니어들의 실력은 업계 최고"라며 임직원들에 대한 믿음을 강조한다. 회사 설립 이래 현재까지 "혼자 해야겠다, 혼자 해냈다는 생각은 단 한 번도 하지 않았다"면서 기업은 혼자 하는 게 아니라 함께하는 것이라는 생각으

톱텍 아산 사업장

로 "톱텍 임직원을 100% 믿고 일을 맡기고, 일하고 있는 엔지니어에게 따져 묻지 않고, 무슨 일이 있어도 일이 끝날 때까지 기다려 결과가 잘못됐을 때에야 책임을 묻는다"고 말했다. 몰입을 방해하지 않기 위해서다. 그가 일류 인재를 키우는 방식은 스스로 발전할 수 있게 독려하는 것이다. 철저하게 실력과 성과 위주로 연봉을 책정하는 것도 동기를 부여하는 한 방법이다.

이러한 성장을 기반으로 고용 창출에도 꾸준한 노력을 기울인 결과 고용 인원이 48% 증가할 정도로 지역 일자리 창출에 기여하고 있으며, 특히 채용 인원 100% 정규직 전환과 매년 경영 성과에 대한 성과급을 지급함으로써 고용 창출뿐 아니라 고용의 질 향상에도 지속적인 노력을 기울였다. 이런 노력 덕분에 2012년 우리 지역(경북) 일하기 좋은 기업에 선정되었으며, 2016년에는 이 회장이 일자리 창출 유공으로 고용노동부장관 표창을 수상하기도 하였다. 또한 정부의 취업 지원 프로그램인 청년 인턴제를 적극 활용하여 청년 일자리 해소에도 크게 기여함과 동시에, 청년내일채움공제 사업에도 적극 참여함으로써 입사한 직원의 장기근속은 물론 목돈 마련의 기회도 제공하고 있다.

톱텍은 적극적인 해외 시장 개척을 통하여 지속적인 수출액 증가를 이루어냈으며, 2013년 3,000만 불 수출의 탑, 2015년 7,000만 불 수출의 탑, 2017년 8억 불 수출의 탑을 수상하였다. 2015년 1,403억 원, 2016년 1,551억 원, 2017년 9,308억 원의 수출액을 기록하며 563%라는 성장률을 달성함으로써 해외 수출 증대에 큰 결과를 얻었다.

톱텍은 국제 표준 인증을 취득하여 설비에 대한 품질뿐만 아니라 기업, 사회, 안전, 환경, 정보 보안까지 관리하는 체계적인 업무 프로세스를 만들었다. 설비의 신뢰성 상승을 통한 경쟁력 있는 설비 공급으로 지속적인 매출 성장이 가능해진 점을 높이 평가받고 있다. 2005년 기업 부설연구소를 설립하

톱텍의 사회공헌 활동

여 운영하고 있으며, 기업 부설연구소에서는 개발뿐만 아니라
정부과제 참여, 지적재산권 확보에 심혈을 기울이고 있다. 현
재 회사가 보유한 지적재산권 중 특허 등록만 70건을 유지할
만큼 기술 개발을 위한 노력을 꾸준히 하고 있다.

　지속적인 매출 신장을 바탕으로 경쟁력 있는 기업으로 성
장한 톱텍은 건강한 기업 생태계를 구축하기 위해 2013년 협
력사 12개사와 톱텍 수탁기업협의회를 구성하였다. 파트너십
강화를 통해 동반성장을 위해 힘쓰고 있는 수탁기업협의회에
서는 정기회의를 개최하여 지속적인 활동 및 소통을 이어가
고 있다. 또한 협의회에서는 협력사가 경쟁력을 갖출 수 있도
록 다방면으로 지원하고 있으며, 상생 협력 활동을 체계적으

아산사업장 현장

로 수행하며 다양한 혜택(보증 보험 면제 및 결재대금 조기 지급, 발주 시 우선순위 부여, 교육 이수)을 제공하고 있다. 톱텍 수탁 기업협의회는 이러한 노력을 인정받아 2016년 11월 1일 개최된 동반성장 주간 행사에서 협의회 부문 중소기업청장 표창을 수상하기도 하였다.

톱텍은 이와 더불어 우리 주변의 어려운 이웃을 돌아보며, 기업의 사회적 책임을 다하기 위해 지속적인 봉사 활동을 직·간접적으로 추진하고 있으며, 함께하는 따뜻한 사회를 만들기 위한 다양한 사회공헌 활동도 꾸준히 확대 중이다.

연구개발R&D이 일상인 기업

톱텍을 키울 수 있었던 또 다른 경쟁력은 '기계에 대한 호기심과 욕심'이었다. 제작해보고 싶은 기계는 반드시 만들어내야 했다. 그는 "R&D는 마약과 같다"고 말한다. 한번 도전해 개발하기 시작하면 반드시 해내야 한다는 집념이 생겨 끊기 힘든 마약과 같다는 것이다. 1992년 회사 설립 이후 28년 동안 이 회장은 영원한 동반자인 방 사장과 함께 엔지니어를 자처하며 기술 개발에 매진해왔다. 때와 장소에 관계없이 번뜩이는 아이디어가 떠오르면 그 자리에서 휴대폰에 메모를 기록할 정도로 노력했다. 새로운 기술을 내놓겠다는 이 회장의 의지는 창업 당시 그가 작명한 '톱 테크놀로지Top Technology'를 의미하는 사명에서부터 묻어난다.

톱텍은 반도체, 이차전지 및 디스플레이용 자동화 장비, 라미네이션 장비 등을 생산한다. 2017년 매출액 1조 원을 돌파해 사상 최대 실적을 기록하며 승승장구해왔다. 그러나 2018년부터 국내 디스플레이 회사들이 투자를 보류하거나 규모를 줄이면서 톱텍에도 브레이크가 걸렸다. 2018년에는 매출액 3,087억 원, 영업이익 82억 원에 그쳤다. 이 회장은 수주

절벽에 부딪히자 새로운 성장동력을 '꿈의 섬유'로 불리는 나노섬유 소재의 상용화, 사업화에서 찾았다. 나노 멤브레인 소재와 휴대폰 차폐용 부품 등을 생산 공급하는 자회사 레몬을 설립해 세계 최대 규모의 나노 멤브레인 생산라인을 성공적으로 구축하였다.

세계 유일, 세계 최대의 나노 멤브레인 생산라인에서는 나노 소재 신사업을 마음껏 펼칠 수 있다. 레몬의 신공장은 나노 멤브레인을 전기 방사로 뽑아내기 위한 원재료 유틸리티동과 12개 생산라인이 반도체 라인 못지않게 잘 꾸며져 있다.

꿈의 소재라고 불리는 나노 멤브레인Nano Membrane은 지름이 수십에서 수백 나노미터nm로 굵기가 머리카락의 500분의 1 정도에 불과하다. 섬유 직경이 가늘고 작은 구멍 크기Pore size를 갖춘 높은 공극율을 보유한 소재이다. 높은 공극율은 수증기 투과가 가능하여 다양한 아웃도어용 의류에 적용 시 탁월한 성능을 구현하며, 사용 목적에 따라 의류, 환경, 의료 등의 생활용품에 다양하게 적용이 가능해 여러 분야에 활용할 수 있는 최첨단 산업군의 핵심소재이다. 나노섬유 생산업체를 표방한 회사들은 있지만 레몬처럼 표면이 균일한 나노섬유를 대량 생산할 수 있는 기업은 전 세계를 통틀어 레몬 이외에는 거의 없다고 보면 된다.

경북 구미국가산업4단지에 위치한 레몬의 생산라인은 총 12개로, 연간 가능한 생산량은 1억 2,000만㎡로 세계 최대 규모이다. 시장의 확대에 따라 추가 4개 라인을 증설할 수 있도록 준비되어 있다.

레몬의 나노멤브레인 품질을 인정한 글로벌 아웃도어 전문 회사인 노스페이스사와 2018년 3년간의 독점 계약을 체결하고 공급 중에 있다. 노스페이스와의 독점 계약은 전 세계에 레몬을 알리는 계기가 됐다. 그동안 비닐PVC 등으로 방수 처리를 해왔던 의류나 생리대를 비롯한 다양한 분야에서 나노 멤브레인에 대한 수요가 커지고 있다. 실제 레몬은 2019년 4월 숨 쉬는 생리대 '에어퀸'을 출시했고, 국내는 물론 미국 아시아 등으로 수출하고 있다.

레몬은 2019년 4월 에어퀸 생리대를 출시한 데 이어 마스크팩을 개발해 랑콤 설화수에 납품하고 있고, 육군 국방부의 방한복 소재로도 채택돼 125벌의 필드테스트를 진행 중이며, 위생팬티, 수유패드, 산모패드, 통기 방수 앞치마, 황사·방역 마스크를 각각 출시했다. 2020년 하반기에는 브랜드 '에어퀸'으로 아기 기저귀도 출시할 예정이다.

핸드폰이나 야외용 스피커에서 들리는 삑삑거리는 소음은 온습도에 약한 전자기기의 특징인데 스피커 앞면 기기 주변을 통기성과 방수성이 좋은 나노 멤브레인을 사용하면 문제를 해결할 수 있다. 또한 자동차 헤드라이트 주변을 감싸는 방수 밴드에 대한 나노 멤브레인 적용도 연구개발 중에 있다.

세계 최고의 나노 기업을 꿈꾸며

나노 멤브레인 소재는 활용도 측면에서 '1석 100조'라고 말할 수 있을 정도로 응용할 수 있는 분야의 한계가 없다. 2019년 연말 경상북도 농업기술원과 협력해 나노 소재를 과수 봉지 용도로 사용했을 때에는 평균 20% 정도로 상품성이 향상되는 결과를 얻었으며, 12월 말 관련 특허도 냈다. 2020년에는 실험 농가를 50곳으로 늘려 더욱 유의미한 연구 결과를 얻을 것이고, 내후년에는 본격적인 시장 확대도 가능할 것으로 보고 있다. 여기에서도 톱텍이 과수 포장지를 만드는 자동화 기계를 제작해 생산 단가를 낮춰 큰 시너지 역할을 했다. 농업 분야로의 수요처 확대는 최근 순창군과 진행 중이다. 장독대를 씌우는 천 대신 높은 통기성을 지닌 나노 소재를 사용해

이차전지 제조 장비

위생적인 발효를 진행시킨다는 계획이다.

톱텍은 코로나19 사태가 터지면서 국내외의 마스크 부족 사태 해결에 기여하고자, 약 4주간의 최단 기간에 마스크 생산라인 50개를 구축하고, 1,300여 명의 인력을 신규 채용하여, 일 300만 개 이상의 마스크를 생산하고 있다.

톱텍이 자회사 레몬의 나노필터를 적용해 생산하는 황사·방역마스크는 나노 파이버 필터가 적용돼 미세먼지는 물론 감염원까지 완벽하게 차단할 수 있다. 기존의 정전기 집진방식과는 차별화된 혁신적인 제품이다. 통기성이 뛰어난 소재를 사용해 마스크 착용 시에도 편하게 호흡할 수 있는 점 또한 특징이다. 또한 기존의 4겹 구조에서 한 겹 가벼워진 공기청정기형 3중 필터 구조를 사용해 미세먼지는 차단하고 공기는 더 잘 통하게 해준다. 중량 면에서도 4.38g을 구현해 5g이 넘는 기존 타 브랜드 마스크에 비해 훨씬 가벼운 점 역시 강점이다.

특히, 레몬이 세계 최대 규모의 나노 멤브레인 대량 양산 설비를 통해 생산하고 있는 마스크용 나노필터는, 일부 부족 현상에 있는 멜트블로운MB을 대체할 수 있는 마스크 제작의 핵심소재인 KF94, K80, N95 마스크용 필터의 유일한 대체 소재이다.

톱텍의 자회사인 레몬은 2019년 나노섬유로 만든 생리대를 자체 브랜드 '에어퀸'으로 출시하며 사업 영역을 기업 간 거래B2B에서 기업과 소비자 간 거래B2C로 넓히고 있다.

레몬은 기본적으로 소재 기업이다. B2C를 하는 기업은 아니다. 지금까지 전개되는 것을 보면, 대다수 소재를 사가는 것이 더 많다. 과수 포장지, 장독대 커버 등 점점 다양해지는 모든 것을 주문자 생산방식을 통해 직접 유통해 나갈 수만은 없다. 누구든 하겠다는 업체가 있으면 협업을 할 것이다. 노스페이스 소재 스펙을 통과하는 데 2년, 론칭하는 데 1년이 걸렸다. 과수 봉지 시장을 여는 과정도 2019년 첫 연구 결과와

2020년 테스트 모집단의 확대를 거치면 3년이 걸린다. 각 부문에서 나노 소재 장점을 상품화하는 것은 해당 업종 몫이기도 하다.

레몬은 기술특례상장제도를 통해 코스닥시장에 입성했다. 상장을 준비하는 과정에서 어려움도 많았다. 한국거래소 상장 담당자, 기술특례 상장을 위한 기술 평가기관 관계자 등에게 나노섬유를 알리고 가치를 이해시키느라 진땀을 뺐다. 이 회장은 100번의 설명 대신 나노섬유 제조 현장을 직접 보여주는 정공법을 택했다.

레몬은 상장 이유도 다른 기업과 사뭇 다르다. 많은 비상장사 기업은 상장을 통해 유입된 공모금액을 설비 확충 등 투자에 사용한다. 레몬은 그 반대다. R&D, 공장 설립 등에 선투자한 뒤 후상장하는 방식을 택했다. 이 회장은 2007년부터 나노섬유 개발을 추진해왔는데, 그 과정에서 쏟아부은 돈만 수백억 원에 달한다.

톱텍 엔지니어의 기술력은 상당한 수준이다. SK 이차전지 설비를 비롯해, 반도체, 디스플레이 업체에 장비 공급이 꾸준히 이뤄지고 있다.

미래는 지금보다 더 부유하고 풍요롭게 살아갈 것이다. 그렇다면 무엇이 이를 가능하게 해 줄 수 있을까. 바로 자동화 기계와 인공지능AI이 해 줄 것이다. 톱텍은 올해까지 28년 동안 전천후 장비를 만들었다. 발주가 없어서 안 만든 것이지, 톱텍이 못 만들었던 장비는 없었다. 다가올 미래 20년의 자동화 장비 속도는 훨씬 빠를 것이다. 톱텍은 자동화 장비, AI의 중심에 서 있는 기업이다. AI가 발달할수록 반드시 필요한 것이 자동화 장비다. 이 회장은 두 회사 모두 공격적으로 키울 것이라고 포부를 밝혔다.

사람은 본능적으로 일하는 것보다 먹고 놀고 즐기는 것을 더 좋아하는데 AI 시대가 되면 이런 경향이 더욱 짙어질 것이고, 자동화 속도도 더 빨라질 수밖에 없기 때문에 톱텍의 전망 역시 밝다. 톱텍의 과거 성장 속도가 시속 $20{\sim}30km$였다면 앞으로는 이보다 2배 이상 빠른 속도로 달려갈 것이다.

이 회장은 "레몬의 성장 가능성은 상상할 수 없을 정도로 크다"면서 "레몬을 세계적인 기업으로 키우겠다"고 확신에 찬 목소리로 말한다. 그는 나노섬유로 만들 수 있는 제품 목록 61개를 적어놓은 휴대폰을 보여주면서 "나노섬유는 한마디로 대한민국을 먹여 살릴 소재로 활용 범위가 예측도 안 될 만큼 어마어마하게 큰 1석 100조의 소재이다"라고 덧붙였다.

66 임직원이 즐겁게 일할 수 있는
지속성장의 틀을 만드는 것이
기업 오너가 해야 할 일이다. **99**

회장
최영주

팬코

학력

1966	동아대학교 경제학과 졸업
1994	서울대학교 경영대학원 최고경영자과정 수료(37기)
	현 서울대학교 총동창회 종신이사
1996	고려대학교 언론대학원 최고위과정 수료(7기)
	현 고려대학교 총교우회 이사
2012	동아대학교 경영학 명예박사

경력

1962~1975	원림산업 주식회사 근무
1975	삼원섬유 설립(대표)
1980	범한산업㈜로 법인 변경(대표이사)
1984	주식회사 팬코 대표이사 회장(현)
1995	중국 청도팬코복식유한공사 동사장(현)
2002	베트남 팬코비나유한공사 회장(현)
2015	베트남 팬코땀탕유한공사 회장(현)

상훈

1982	제19회 무역의 날 국무총리표창 수상
1992	제19회 상공인의 날 석탑산업훈장 수훈
2007	베트남·한국 우호증진 공로훈장 수훈
2010	제47회 무역의 날 동탑산업훈장 수훈
2013	베트남 사회주의공화국 우호훈장 수훈
2018	제32회 섬유의 날 금탑산업훈장 수훈
2019	제40회 정헌섬유산업상 수상

남다른 도전정신으로 일군 팬코의 신화

1984년 12월, 서울 동대문구 장안동에 '팬코무역주식회사(이하 팬코)'라는 수출 회사가 설립됐다. 팬코를 설립한 최영주 사장은 이미 '범한산업주식회사'를 설립해 미국에 의류 제품을 수출할 만큼 많은 노하우를 갖고 있는 상태였다. 그럼에도 불구하고 사업은 쉽지 않았다. 모 대기업 쿼터를 이용해 회사를 성장시키기 위해 노력했지만 대기업의 약속 불이행으로 인해 쿼터를 얻어내지 못했고, 구두 약정으로 진행되었던 계약이 무산되면서 많은 어려움을 겪었다.

팬코타워 전경

하지만 그로부터 35년이 지난 2020년 현재 팬코는 베트남, 미얀마 등에 6개의 해외 법인(6개의 생산기지)을 거느리고 있으며, 이를 기반으로 연간 3억 5,000만 달러에 이르는 매출을 올리는 거대 글로벌 기업이 되었다. 뿐만 아니라 까다롭고 꼼꼼하기로 소문난 일본 바이어에 활발하게 수출하고 있으며, 국내외 1만 6,000여 명의 임직원을 고용하며 안정적인 일자리 창출에도 훌륭하게 기여하고 있다.

이처럼 팬코가 지난 35년 동안 지속적으로 성장할 수 있었던 데에는 남다른 도전 정신으로 칠순을 넘긴 나이에도 여전히 한 해의 절반을 해외에서 보내며 현장을 든든하게 지키고 있는 최영주 회장의 열정이 뒷받침되었기 때문이다.

"팬코는 의류 시장 중에서도 가장 까다롭기로 소문난 일본을 대상으로 수많은 실패와 좌절을 헤쳐 나가며 지속적인 성장을 계속할 수 있었습니다. 팬코는 그동안 쌓은 섬유와 의류 분야의 노하우를 바탕으로 중국과 베트남, 미얀마 등에 법인을 설립했습니다."

지난 2018년, 최 회장은 32회를 맞이한 섬유패션업계 최대 축제인 '섬유의 날' 기념 행사에서 금탑산업훈장 수상의 영예를 안았다. 이와 같은 쾌속 질주에는 최영주 회장이 중국과 베트남 등을 단순한 사업 파트너가 아닌 '사람'과 '사람'의 관계로 보고 함께 어려움을 헤치고 결실을 나누어야 하는 소중한 동반자로 인식한 것이 큰 도움이 되었다. 그는 동반자에 걸맞은 여건을 마련하기 위해 많은 노력을 기울이고 있다. 최영주 회장은 한국·베트남의 친선 한국 의류시험연구원 이사장으로 장기간 활동하면서 섬유의류업계의 발전에 크게 기여한 것으로 평가받고 있다. 장기간에 걸친 노력을 인정받아 지난 2013년에는 베트남 주석이 수여하는 친선 우호훈장을 수훈하기도 했다.

일본 바이어를 최대 고객으로 성공에 날개를 달다

팬코가 의류 수출 기업으로 본격적인 날개를 달기 시작한 것은 지난 1985년 일본 시장을 상대로 연간 155만 달러의 의류 수출 실적을 올리면서부터이다. 사업 첫해에 거둔 성과로도 놀랍지만, 당시 경기 침체로 인해 연간 150만 달러 이상의 수출 실적을 올린 기업이 없었던 것을 생각하면 더더욱 고무적인 성과가 아닐 수 없다. 이 같은 실적은 최영주 회장의 노력과 함께 직원들의 지칠 줄 모르는 집념이 더해진 결과다. 팬코는 내수

땀탕 공장 염색 공정

에 전념하는 여느 업체들과 달리 회사 설립 초기부터 새로운 시장을 개척하고, 새로운 고객을 창출하기 위해 부단한 노력을 계속했다. 당시에 제작이 까다로운 것으로 소문난 여성용 니트 웨어를 주 생산 품목으로 정한 뒤 OEM과 ODM 방식을 모두 적용하며 대일 수출을 위해 모든 힘을 아끼지 않았다.

"그때는 정말 직원들과 똘똘 뭉쳐서 열심히 일했습니다. 일뿐만 아니라 공부도 열심히 했죠. 일본 바이어들과 본격적인 비즈니스를 하기 위해서는 일본어 공부가 꼭 필요하다는 생각을 했고, 6개월 만에 상담이 가능할 정도로 어학 실력이 늘어서 수시로 현해탄을 오가면서 새로운 납품처를 물색했습니다."

이렇게 차곡차곡 쌓여가는 성공 뒤에는 작은 일도 허투루 넘기지 않고 신의와 정성을 가장 큰 덕목으로 여겼던 최영주 회장과 팬코의 노력이 있었다. 그런 노력이 고객의 마음을 움직였던 것이 사실이다.

최 회장은 범한산업을 경영하던 시절 일본 유명 의류 회사의 미즈미 사장을 만난 일이 있었다. 그냥 가볍게 지나갈 수도 있었던 그 인연은 팬코를 설립한 후에도 이어졌다. 당시 경미한 불량품을 확인한 최 회장은 미즈미 사장의 사양에도 불구하고 전액 환불해주는 철저한 고객 중심 마인드로 미즈미 사장에게 큰 감동을 주었다. 이와 같은 마인드 덕분에 팬코는 일본 시장을 개척할 때 미즈미 시장에게 많은 도움을 받았다.

1990년대로 접어들면서 팬코의 성장은 더욱 가속도가 붙기 시작했다. 회사가 성장하면서 회사 발전을 위해 노력한 직원들을 위한 복지와 기업 문화에도 괄목할 만한 성과가 이어졌다.

회사명을 팬코로 변경하였고 1991년에는 염색 공장까지 설립해 의류 생산의 전 과정인 편직, 염색, 봉제 3단계로 회사를 운영할 수 있는 기본적인 생산 시스템을 완비하게 되었으며, 이를 기반으로 매출을 20% 이상 성장시킬 수 있었다. 1991년 9월에는 직원 복지를 위해 사원 임대 아파트를 마련해 직원들이 편안한 환경에서 일에 집중할 수 있도록 했다. 또한 협력업체와의 동반 성장을 위해 하청업체에 어음이 아닌 현금 결제 원칙을 고수하기 시작했다. 이와 같은 제도는 대기업들도 주저하던 것이어서 섬유의류업계뿐만 아니라 일반 기업 사이에서도 커다란 화제가 되었다.

팬코는 해외브랜드뿐만 아니라 국내 우수 브랜드의 오더도 확대해 나가고 있다. 팬코는 이미 어떠한 여건에도 살아남을 수 있는 건강한 회사가 되기 위한 기반을 갖추었다.

최영주 회장은 팬코를 단순한 섬유의류 수출 회사가 아니라 한 단계 높은 기술력을 갖춘 첨단 고부가가치 사업으로 발전시키기 위해 부단한 노력을 기울여 왔다. 단기간의 이익을 얻기 위한 회사가 아니라 사람이 존중받고 인재가 함께 성장하는 회사를 만들기 위해 팬코는 지금도 세계무대로 달려가고 있다.

최첨단 버티컬 시스템을 구축한 팬코의 해외 생산기지

세계 시장을 개척하기 위한 최영주 회장의 노력이 하나하나 결실을 맺으며 팬코는 중국과 베트남, 미얀마 등에서 해외 법인과 공장을 운영하고 있다. 특히 베트남 호치민시 빈증성 미푹공단에 위치한 팬코비나는 팬코의 대표적인 주력 생산기지이다. 세계적인 경기 침체로 어려움이 지속되는 상황이지만 팬코비나는 주말에도 휴식을 생각할 수 없을 정도로 모든 라인을 풀가동하며 바쁘게 움직이고 있다. 팬코비나는 편직과 염색, 봉제 공정을 일괄 처리할 수 있는 최첨단 버티컬 시스템을 구축하고 있다. 이로 인해 납기 및 품질 관리가 원활히 이루어져 초대형 오더를 수주해도 자체 생산할 수 있는 양산 체제를 확보했다. 이 덕분에 바이어들과 긴밀한 신뢰 관계를 유지하며, 세계적인 경쟁력을 유지하고 있다. 팬코비나는 늘어나는 생산 물량을 맞추기 위해 매년 생산 라인과 설비를 증설하고 있다.

2017년에는 원가 경쟁력 강화와 생산량 증대를 위해 중국 지역 설비를 베트남 땀탕 지역으로 옮겨 10만 평 규모의 두 번째 대규모 버티컬 공장을 운영 중이다. 땀탕 공장은 1일 100톤을 생산할 수 있는 염색 설비와 편직기 300대, 봉제 120개 라인(최대 240개 라인 증설 가능)을 보유 및 운영하고 있다. 또한 유럽 무관세 혜택이 있는 미얀마에도 봉제 공장을 운영함으로써 유럽 시장에서 원가 경쟁력을 높이고 있다. 미얀마 공장은 1.78ha 부지에 24개의 봉제 라인과 1,000명가량의 인원으로 운영되고 있다.

팬코는 생산설비 투자뿐만 아니라 민감한 패션 트렌드 변화에 대응하는 신소재 및 혁신적 디자인 개발에 대한 R&D 투자도 하고 있다. 2018년에는 본사와 해외 공장을 연결하는 통합 ERP를 오픈했다. 통합 ERP 시스템은 해외 생산 현장과 본사 생산 관리부서 간 정보 교류를 신속하게 할 것이며, 생산 관리와 손익 관리의 효율성을 높여줄 것으로 기대된다.

2002년 빈증 공장을 시작으로 생산 부문 무게 중심을 중국에서 베트남으로 옮기기 시작해 지금은 전체 생산 물량의 95%가 베트남 공장에서 나오고 있다. 빈증 공장은 170개 라인에서 월 425만 장의 의류를 생산하고 있고, 땀탕에서는 120개 라인이 매달 300만 장을 쉼 없이 토해내고 있다.

두 공장을 합쳐 매년 생산되는 의류는 9,000만 장에 이른다. 이들 공장의 편직물 생산량은 하루 18만kg, 포염은 17만kg이다. 팬코 미얀마에서도 24개 라인에서 매달 50만 장의 제품을 생산하고 있다.

최영주 회장은 해외 법인을 설립하면서 현지 직원들을 진심으로 대하기 위해 노력했다. 마음을 다해 그들을 존중하고 배려한 것은 팬코가 우수한 품질의 제품을 생산해내는 원동

땀탕 공장

력이 되고 있다.

"해외 법인을 설립할 때 단순히 원가 절감만을 기대했다가
는 문화적인 차이나 경영 여건 변화 등으로 어려움을 겪기 쉽
습니다. 직원들을 마음으로 배려하고 존중하는 것이 중요하
죠. 이런 노력이 더해져 디자인이나 품질 수준이 중국이나 동
남아 기업의 다른 제품에 비해 월등히 우수하다는 기분 좋은
평가를 듣고 있습니다. 모두 직원들이 열심히 일한 결과라고
생각합니다."

팬코는 해외 생산 현장의 스마트화 디지털화 자동화를 추

진하고 있다. 스마트한 미싱 업체와 협력 중이며, 카이스트와 산학 협력도 진행하고 있다. 베트남 공장의 경우 인건비가 5.4% 인상되기에 인건비 여건이 좋은 미얀마나 인도로의 진출도 검토하고 있다. 100년 이상 지속되는 경쟁력 있고 탄탄한 회사를 만들기 위함이다.

사람에 대한 깊은 애정을 지닌 기업, 팬코

1999년 유니클로와 직접 거래를 통해 새로운 성장의 계기를 만든 팬코는 투자뿐 아니라 품질에 대한 가이드도 상당히 까다롭게 진행하고 있다. 일본 의류 바이어들은 국제적으로도 그 기준이 까다롭기로 정평이 나 있다. 일주일에 두 차례씩 4~5명의 담당자들이 정기적으로 공장을 방문해 제품의 하자 여부를 체크하고 요청한 조건대로 작업이 진행되고 있는지 수시로 체크하기 때문에 더욱 긴장감을 갖고 모든 일에 임해야만 한다.

  팬코의 사훈은 '경천애인敬天愛人'이다. 최영주 회장은 팬코가 노동집약적인 기업 형태를 이루고 있기 때문에 항상 사람에 대한 깊은 애정을 지니고 있어야 한다고 강조한다. 그래서 팬

땀탕 공장 봉제 공정

코는 근시안적인 이윤 창출보다는 가치 창출에, 남들이 잘하는 분야보다는 팬코만이 잘할 수 있는 분야에 관심을 기울이고 결과보다는 과정을 더 중시하며 기업 활동에 전념해왔다.

또한 이 같은 기업 이념을 바탕으로 '전 세계의 모든 세대를 아우르는 선진 글로벌 의류 기업으로 도약한다'는 야심 찬 미래 비전을 수립하고 이를 실천하기 위한 노력을 계속하고 있다. 이런 노력이 결실을 맺게 되면 곧 '매출 5억 달러 달성'이라는 목표도 무난하게 달성될 것으로 예상하고 있다.

"세계 경제의 어려움과 함께 우리가 처한 경영 환경 역시 빠르게 변하고 있습니다. 경영 환경에 능동적으로 대처하면서 앞으로 OEM 수출의 한계를 극복하기 위해 노력할 것입니다. 이를 위해 R&D 조직을 강화하고, 신소재 제품 개발에 전력을 기울이며, 매출액의 80%를 차지하고 있는 일본 시장의 편중을 최소화하면서 시장을 다변화시키기 위해 노력하겠습니다."

팬코가 만들어 내는 제품의 안정적인 공급과 품질, 가격 경쟁력 등은 지금 세계 유수 바이어들의 이목을 집중시키고 있다. 최영주 회장은 열심히 일하는 직원들과 함께 현재에 머무르지 않고 내일을 향해 더 힘차게 달림으로써 국민의 기업, 세계의 기업, 영속 가능한 글로벌 일류 기업으로 발전하기 위해 끊임없는 혁신을 계속할 것이다.

올해로 창립 36주년을 맞은 팬코는 이제 세계에서 가장 우수한 생산능력을 갖춘 의류 제조 수출 기업으로 인정받고 있다. 해외 법인에 대한 아낌없는 투자와 직원들에 대한 신뢰, 그리고 첨단 생산기법에 대한 과감한 도입으로 곧 매출 5억 달러 달성의 신화를 이룰 것으로 기대되고 있다.

66 단기간의 이익을 얻기 위한 회사가 아니라
사람이 존중받고 인재가 함께 성장하는
회사를 만들기 위해 팬코는 지금도 세계무대로
달려가고 있다. **99**

회장
홍성열

마리오아울렛

학력

2001 서울대학교 경영대학 최고경영자과정 수료(50기)

2015 서강대학교 명예 경제학 박사

2018 고려대학교 미래성장 최고지도자과정[FELP] 수료

2018 INSEAD The Business School for the world(프랑스 파리) 수료

경력

1980 마리오상사 설립

1984 여성 니트웨어 브랜드 '까르트니트CARTE KNIT' 론칭

2001 국내 최초 정통 패션 아웃렛 마리오아울렛 오픈

2004 마리오아울렛 2관 오픈

2012 마리오아울렛 3관 오픈

2013 마리오아울렛 1관 증축, 마리오아울렛 패션타운 그랜드 오픈

2015 연천 허브빌리지 인수

2016 이비즈E-biz 사업 전개, 온라인몰 '마리오몰' 오픈

2018 마리오아울렛 전관 리뉴얼 오픈

상훈

2019 소비자 선정 최고의 브랜드 대상 7년 연속 수상(중앙일보 포브스코리아)

2019 한국 소비자평가 최고의 브랜드 대상 수상(동아일보)

2019 가장 사랑받는 브랜드 대상 수상(조선비즈)

2019 대한민국 명품 브랜드 대상 수상(한국경제)

2019 KOREA 품질 경쟁력 우수기업 선정(서울경제)

2019 소비자 추천 1위 브랜드 대상 수상(조선일보)

2019 한국의 혁신 대상 2년 연속 수상(동아일보)

2019 국가서비스대상(IPS 산업정책연구원)

2019 여성가족부장관 표창 – 사랑 나눔 사회공헌 대상 육아 지원(조선비즈)

2019 올해의 브랜드 대상 15년 연속 수상(한국소비자포럼)

2019 제24회 한국유통대상 국무총리 표창 수상 – 서비스혁신 부문(대한상공회의소)

2020 소비자 선정 최고의 브랜드 대상 8년 연속 수상(중앙일보 포브스코리아)

2020 한국 소비자 평가 최고의 브랜드 대상 2년 연속 수상(동아일보)

2020 국가 소비자 중심 브랜드 대상 수상(동아일보)

2020 대한민국 명품 브랜드 대상 2년 연속 수상(한국경제)

2020 대한민국 패션 품질 대상 수상(국제섬유신문)

2020 소비자 추천 1위 브랜드 대상 2년 연속 수상(조선일보)

MARIO Outlet

패션 유통 산업 발전에 앞장서는 '마리오아울렛'

국내 최초 정통 패션 아웃렛 개념 구현 및 산업 발전에 기여

마리오아울렛의 홍성열 회장은 미국, 일본 등 유통 선진국의 신 유통업태인 아웃렛 스토어_{Outlet Store}를 벤치마킹하여 2001년 국내 최초로 정통 패션 아웃렛을 오픈하였다. 그 결과 마리오아울렛을 성공적으로 안착시켜 국내 아웃렛 시장을 붐업시킴과 동시에 가산·구로디지털단지(G밸리)를 서울 최대의 패션 유통단지로 발전시키는 데 기여했다.

2001년 1관 개관을 시작으로 2004년 2관, 2012년 3관을

마리오아울렛 1, 2, 3관 전경

차례로 오픈하였으며, 지난 2013년 9월에는 총 3개의 관으로 이루어진 '마리오 패션타운'을 완성했다. 현재 마리오아울렛에는 500여 개 브랜드가 입점해 있으며, 국내·외 유명 패션 브랜드부터 키즈 테마파크, 서점, 리빙, F&B까지 남녀노소가 모두 함께 둘러볼 수 있는 다양한 쇼핑 카테고리를 보유하고 있다.

끊임없는 도전 정신으로 업계를 선도하는 트렌드 만들어

마리오아울렛은 끊임없는 도전 정신으로 업계를 선도하는 트렌드를 만들어 내고 있다. 지난 2018년 4월 대대적인 전관 리뉴얼을 통해 남녀노소 모두가 능동적으로 여가 생활을 즐길 수 있는 복합 체험형 콘텐츠와 일상 속 힐링을 가능하게 하는 문화 휴식공간을 선보이며 본격적인 몰링 공간으로 진화했다.

2018년 전관 리뉴얼의 핵심은 '도심형 몰링Malling 콘셉트'였다. 1관은 여성 및 남성 패션, 잡화 브랜드를 통합 배치하고, 2관은 스포츠, 아웃도어 브랜드 전문관으로 새 단장하는 등 '관별 전문성'을 강화했다. 특히 3관은 라이프 스타일을 중심으로 구성하여 명칭을 '마리오몰'로 변경했다. 3관의 경우, '복합 체험형' 콘텐츠를 대거 보강해 도심 속에서 여가 문화를 영위할 수 있는 '원 데이 스테이one-day-stay' 공간을 완성했다. 대표 콘텐츠로는 온 가족이 함께 즐길 수 있는 'G2존(VR 게임, 아케이드 게임존)', '락 볼링장', '영풍문고', 메디컬 키즈 카페 '닥터밸런스', '노브랜드', '모던하우스' 등이 있다.

또한 교외형 아웃렛과 비교해 상대적으로 약점으로 꼽히는 작은 규모의 부지 문제를 극복하기 위해 1관과 2관, 3관을 다리로 이동할 수 있는 '브릿지 몰링bridge-malling' 개념을 도입했으며, 3관은 신개념 공간 몰링 형태인 '스파이럴 몰링spiral-malling'을 구현했다. 이를 통해 고객의 이동 동선이 곧 경험과 여가 소비로 이어질 수 있도록 만들어 '구매 중심의 공간'에서 벗어난 '경험 중심의 공간'으로 거듭났다. 그 결과 라이프 스타일몰 3관의 매출은 리뉴얼 직전인 1년(2017년 5월~ 2018년 4월) 전 대비 50% 증가했으며, 방문객 수는 리뉴얼 직전인 1년(2017년 5월~ 2018년 4월) 대비 70% 이상 증가했다.

고객 만족 서비스를 목표로 '서비스 혁신' 추구

차별화된 고객 서비스

마리오아울렛은 업계 최다 온·오프라인 VOC 채널을 운영하

마리오 패션타운의 야경

며 고객과의 소통을 확대하고 있다. 고객 센터, 고객 상담실, 인포메이션, 온라인, 콜센터 등 고객과의 접점을 다양화하고 48시간 이내 고객에게 빠른 피드백을 주는 정책을 운영한다. 임직원은 물론이고 현장에서 고객을 직접 응대하는 입점업체 직원 대상의 고객만족 서비스 교육도 강화하고 있다. 마리오 아울렛 전용 교육장(2관 13층)에서는 입점 교육, 심화 교육, CS 강화 교육 등 직원별 맞춤형 교육을 진행 중이다.

새로운 '복합 문화공간'을 위한 다양한 시도

마리오아울렛은 도심형 아웃렛에서 구현하기 힘든 복합 문화 공간 형태의 매장을 구성했다. 수백 그루의 나무로 구성된 야외 가든과 토끼, 닭 등으로 구성된 동물 농장, 매장 내외부에 설치된 대형 조형물 등 온 가족이 즐길 수 있는 다양한 엔터테인먼트적인 요소를 구성하며 큰 호응을 얻고 있다.

또한 고객 서비스 차원에서 2018년, 2019년 여름에는 '어린이 야외수영장'을, 2017년과 2018년 겨울에는 '눈썰매장'과 '스케이트장'을 개장하는 등 마리오아울렛을 방문한 고객들이 다양한 경험을 할 수 있도록 매년 새로운 시도를 하고 있다.

밀레니엄 세대, 젊은 고객층과의 신규 소통 채널 구축

2018년 12월에는 오프라인 유통 채널에서 지속적으로 이탈하는 10~20대 고객과의 소통을 강화하기 위해 '마리오아울렛 마리오니 대학생 기자단'을 신설했다. '마리오아울렛 마리오니 대학생 기자단'은 대학생들이 직접 마리오아울렛 SNS 홍보용 콘텐츠를 발굴하고 패션 유통업 바이럴마케팅 과정에 참여하는 프로그램이다. 현재 3기를 운영하고 있으며, 지난 기수에서는 기자단 학생들이 제안한 CSR 활동에 마리오아울렛이 화답해 직접 동참하는 등 학생들이 기업 홍보 활동에 참여하면서 성장할 수 있도록 적극 지원하고 있다.

온라인몰 '마리오몰' 오픈을 통한 온·오프라인 옴니채널 구축

마리오아울렛은 사내 이비즈E-biz 사업부를 두고 온사이트 시스템을 개발해 지난 2016년 아웃렛 최초로 공식 온라인몰 '마리오몰'을 오픈했다. 2017년에는 모바일 앱을 오픈함으로써 온·오프라인을 아우르는 옴니채널을 구축했다. '마리오몰'은 운영한 지 3년 만에 한 달 약 180만 명의 고객이 찾는 플랫폼으로 부상했다. 현재 마리오몰은 2030세대가 주요 고객으로 830여 개의 브랜드와 약 19만 개의 상품을 선보이고 있다.

마리오아울렛은 마리오몰만의 특화된 마케팅 기법으로 2019년 12월 한국유통대상 국무총리상을 수상하는 영예를 안기도 했다.

전기차 충전소 도입

마리오아울렛은 전기자동차 수요가 점차 증가함에 따라 전기차 충전소 설치에 대한 요구가 늘어날 것으로 예상하여 고객 서비스 차원에서 충전소를 도입했다. 마리오아울렛에 도입된 전기자동차 충전 시스템은 테슬라 전기차 완속 충전기 2개소와 일반 전기차 급속 충전기 2개소이며, 마리오아울렛 3관 지하 2층에 설치되어 있다.

지역 사회와의 상생을 위한 노력

직장 어린이집 운영을 통한 지역 직장인 육아 부담 완화

마리오아울렛은 지역 주민들과 함께할 수 있는 사회 활동에도 적극적이다. 우선 2012년부터 마리오아울렛 2관 4층에 직장 어린이집인 '마리오아울렛 어린이집'을 운영하고 있다. 마리오아울렛은 직장 어린이집 의무 설치 기준(상시 근로자 500인 이상 또는 상시 여성 근로자 300인 이상)에 해당하지 않지만, 자발적으로 직장 어린이집을 설치했다. 유통업계 특성상 여성 근로자가 많다는 점을 고려해 직원 복지 차원에서 결단을 내린 것이다. '마리오아울렛 어린이집'에는 마리오아울렛 임직원과 협력 사원뿐만 아니라 지역 직장인들과 주민들도 이용할 수 있다. 20~30대 젊은 근로자가 많은 지역의 특성상 인근 지역 직장인들과 주민들의 육아 부담을 덜어주기 위함이다. 넓은 실내 공간 이외에도 아이들이 즐겁게 뛰어놀 수 있도록 야외 테라스 놀이 시설을 구축하는 등 최고 수준의 보육 환경을 제공하며 큰 호응을 얻고 있다.

지역 소외계층 지원 활동

마리오아울렛은 지역 소외계층을 위한 다양한 지원 활동을 전개하고 있다. 대표적인 활동으로는 아웃렛의 특성을 살려 진행한 '행복 나눔 바자회'가 있다. '행복 나눔 바자회'에서 얻은 수익금 일부를 농아인협회를 통해 구로구, 금천구에 거주하는 농아인들에게 전달했다. 또한 금천구에 거주하는 저소득층 주민들의 자립 기반 마련을 위한 금천구 '희망플러스 꿈나래통장 사업'에도 참여했으며, 장애우를 후원하는 금천구 여성 합창단 '금나래 합창단'의 정기 연주회를 지원하기도 했다.

2018년 12월에는 독산4동 복지협의체 '함께하는 훈훈한 겨울, 내복 나눔 행사'에서 저소득 한부모 120가구에 기능성 내의를 지원했으며, 마리오니 대학생 기자단 학생들과 함께 서울 관악구에 위치한 '주사랑교회 베이비박스'에 미혼모를 위한 생리대, 통조림 등의 식품과 생활용품도 후원을 한 바 있다.

입점업체와 상생 모델 제시

마리오아울렛은 유명 브랜드 상품을 합리적인 가격에 판매하여 패션 제조업체들의 고질적인 문제인 재고 부담을 덜 수 있는 안정적인 재고 소진 통로를 제공하고 있다. 뿐만 아니라 입점업체와의 상생에도 힘쓰고 있다. 유통업계 최저 수준의 수수료를 유지하고 단기간에 현금으로 대금을 지급한다. 또한 적극적으로 입점업체를 홍보할 수 있는 대외 광고를 진행하고, 고객들이 편안한 쇼핑을 즐길 수 있는 환경 조성 등을 적극 지원하고 있다. 이 밖에도 해외 고가 수입 브랜드보다 국내 패션 기업 브랜드의 입점을 우대하고 성장 가능성 있는 국내 중소기업을 유치시키며 패션 산업 발전에도 기여하고 있다.

대표이사
황해령

루트로닉

학력
1982   미국 예일대학교 졸업(경제학 전공, 전자공학 부전공)

경력
1988~1991   Laser System 아시아 지역 마케팅 담당 부사장
1997~현재   ㈜루트로닉 회장/대표이사
               현 코스닥협회 고문
               현 한국공학한림원 회원
               현 ATC(우수제조기술연구센터) 협회 이사
               현 동국대학교 의료기기산업학과 겸임교수

상훈
2003   대통령 표창 수상(무역 진흥 공로)
2008   대통령 표창 수상(벤처산업 진흥 공로)
2009   보건복지가족부장관 표창 수상(국민 보건의료 향상 공로)
2010   지식경제부장관 표창 수상(IT 산업 발전 공로)
2011   지식경제부장관 표창 수상(생산성 향상 선도 공로)
2012   보건산업대상 보건복지부장관 표창 수상
2013   산업포장 수상(벤처 활성화 공로)
2014   산업통상자원부 장관 표창(수출 확대 우수기업)
2015   산업통상자원부 장관 표창(월드클래스 300 유공자 기술 확보)
2018   미국 "2018 Aesthetic and Cosmetic Medicine Award" Top CEO 수상
2019   '2019 대한민국 일자리 으뜸기업' 대통령 표창

국내 최고의 의료용 레이저기기 생산 기업

루트로닉은 의료용 레이저기기의 개발, 생산, 판매를 영위하는 기업이다. 뛰어난 기술력을 바탕으로 국내 1위는 물론 해외 65개국에 제품을 수출하며 세계 의료용 레이저기기 시장에서 우수한 경쟁력을 보유하고 있다.

　1997년 루트로닉이 창업할 당시 대한민국은 외산 레이저기기가 100% 석권하고 있을 정도의 불모지였다. 하지만 지금 루트로닉은 국내 대부분의 대학병원을 고객으로 두고 있고, 국내 피부과 10곳 중 9곳이 루트로닉의 의료용 레이저기기를 사용하고 있을 정도로 성장했다. 의료용 레이저기기의 국산화를 넘어 새로운 수출 시장을 개척한 점도 괄목할 만한 성과다. 2001년 최초로 의료용 레이저기기를 대만에 수출한 이후 2003년 국내 레이저기기로는 최초로 미국 식품의약국FDA 승인을 받았으며, 현재 세계 65개국에 각종 기기를 수출하며 주요 판매 거점인 미국, 독일, 중국, 일본에 총 4개의 현지 법인을 운영하고 있을 정도로 국내 의료기기의 해외 시장 수출에 앞장서고 있다.

　루트로닉은 코스닥 상장사로 설립 이래 한 번도 매출이 역

루트로닉센터 전경

성장한 적이 없는 성장 기업이다. 2019년에는 매출액 1,156억 원을 기록했으며, 이중 수출이 77%에 달할 정도로 글로벌 매출 비중이 크게 차지하고 있다. 지난 23년간 크고 작은 대외 변수에도 매년 매출이 성장할 수 있었던 배경에는 한국, 아시아, 유럽, 미국의 지역별 매출이 각각 20%대로 매우 고르다는 점과 매년 경쟁력 있는 신제품을 시장에 출시하고 있는 꾸준함을 그 원동력으로 꼽을 수 있다.

R&D 투자로 이뤄 낸 독보적인 성과

루트로닉은 2020년 새로운 비전을 선포했다. "우리는 세계를 선도하는 의료 및 피부 치료기기를 개발한다.", "우리의 기술은 인텔리전트하고 혁신적이며, 뛰어난 효과를 낸다.", "우리의 우수한 제품으로 안전한 치료를 함으로써 병원의 부가가치를 높여준다." 루트로닉의 전 임직원은 이 새로운 비전에 적극 동참하고 있다. 이 비전은 루트로닉의 창업 초기부터 지금까지 이어지고 있는 미래를 향한 정신을 대변한다.

루트로닉은 매년 매출액의 15% 이상을 R&D에 투자하고 있으며, 전체 임직원의 30% 규모를 R&D 인력으로 구성하여 연구·개발을 꾸준히 지속하고 있다. 이는 루트로닉이 의료용 레이저기기 시장에서 선두를 지키고 있는 비결이다. 그 결과 타사와는 비교할 수 없는 특허 건수를 보유하고 있기도 하다. 2019년 12월 기준 루트로닉의 국내외 특허 등록은 154건으로, 국내 중소기업을 통틀어 이 정도의 특허를 보유하고 있는

루트로닉센터 1층에 마련되어 있는 LUTRONIC WORLD MAP

회사는 극히 드물다.

의료용 레이저는 무엇보다 정확하고 안정적으로 발사하는 것이 그 기술의 핵심이다. 루트로닉 제품은 그 어떤 회사 제품보다 안정적이고 효과적으로 필요한 부위에 필요한 양을 적절하게 조절하여 발사할 수 있다.

레이저는 전자공학, 전산공학, 기계공학, 물리학, 의학 등이 결합된 첨단 융·복합 기술로, 일명 마법의 총알이라 불린다. 레이저는 다른 부위는 건드리지 않고 우리가 원하는 부위에만 쏠 수 있다. 어떤 조직이냐에 따라 흡수되는 레이저의 파장대가 다르다. 어떤 파장대는 헤모글로빈에, 어떤 파장대는 멜라닌에 작용한다. 예를 들어 하얀색 물질 뒤에 검은색 물질이 있는데 검은색에만 흡수되는 레이저 빛을 쏘면 하얀색 물질에는 영향을 끼치지 않고 투과해 검은색 물질만 없앨 수 있는 원리이다.

의료용 레이저는 정확하고 안정적이며 선택적인 치료를 해야 한다. 에너지의 세기, 펄스 폭, 스팟 사이즈 등 세부적인 조정을 통해 다양한 임상에 적용하기 때문이다. 이런 컨트롤을 얼마나 세밀하게 잘할 수 있는지가 경쟁력이 될 수 있다. 루트로닉은 안전하고 효과적으로 치료된 임상 결과를 바탕으로 현재까지 안정적으로 사업을 영위하고 있다.

의료 패러다임을 변화시킨 피부 치료 레이저기기 개발

에스테틱 분야에서 루트로닉은 피부 성형 치료를 목적으로 하는 총 15종의 제품을 제조·판매하고 있다. 기미, 점 빼기, 제모 등 흔히 생각하는 레이저 시술은 기초 단계에 불과하다. 교통사고를 당한 켈로이드 환자의 경우 얼굴에 유리가 박혀서 허벅지살을 떼어 피부를 이식하는 대형 수술을 해야 했는데, 레이저 시술로 말끔하게 치료할 수 있었다. 루트로닉의 레

루트로닉 생산품질본부 산하 제조부의 모습

이저 시술로 눈에 띄는 부위에 있는 갑상선 수술 자국도 연하게 만들 수 있다. 자외선의 영향을 받은 피부의 색조 개선도 가능하다. 특히 자외선 영향을 많이 받는 백인종은 자외선으로 인해 피부에 붉은 색조가 올라오는데, 붉은색을 특정하는 레이저 파장을 조사해 원래의 피부색으로 돌릴 수도 있다. 성형 장비를 활용해서 얼굴에 작은 구멍을 뚫고 레이저 파이버를 삽입해 지방을 특정하는 레이저를 쏘면 주름이나 피부 탄력 개선도 가능하다. 성형외과에서 안면거상술을 할 경우 압박붕대를 감고 한 달 이상 병원에 누워 있어야 하는데, 루트로닉 장비를 이용해 치료하는 경우 수일 내에 정상 생활이 가능하다. 피부 전체를 이식하는 것 외에는 치료법이 없었던 오타모반의 경우, 레이저로 피부에 올라온 검은색 색소를 특정해 없앨 수 있다. 이러한 레이저기기 시술로 인해 의료의 패러다임이 변화하고 있다.

루트로닉은 세계 의료용 레이저기기 시장에서 기술적으로 1위를 차지하는 기기 4대를 갖고 있는데, 이 제품들은 모두 인텔리전트 케어 시스템Intelligent Care System 콘셉트에 입각하여 제조되었다. 인텔리전트 케어 시스템은 루트로닉 제품들에 반영되어 있는 스마트 제어 시스템 개념으로 획기적INNOVATIVE, 직관적INTUITIVE, 신뢰적DEPENDABLE, 효과적EFFECTIVE 제품 구현 철학을 말한다.

인텔리전트 케어 시스템을 탑재한 제품 중 하나인 '지니어스'는 오랜 기간 연구 끝에 2019년 1월 출시했다. 지니어스는 실시간으로

'인텔리전트 케어 시스템'을 탑재해 편의성과 안정성을 한층 강화한 지니어스

피부 상태를 측정하며 에너지를 정교하게 전달함으로써 피부 조직의 재생을 유도하고 피부층을 두껍게 만들어 탄력과 주름 개선에 도움을 주는 세계 1위 제품이다. 섬세한 실시간 미세 조절 센서 및 실시간 피드백 기능을 통해 보다 안정적인 에너지 조절 구현이 가능하도록 했다. 이는 사용자인 의사로 하여금 사용 편리성을 높여 장비 사용 피로도를 경감시키고, 원하는 치료 효과를 구현할 수 있도록 돕는다. 그 외에도 '클라리티2', '피코플러스', '울트라' 등의 혁신적인 제품을 개발·출시한 루트로닉은 해외 시장 공략을 통해 세계 1위 의료용 레이저기기 제조 기업으로 도약하고 있다.

망막의 다양한 질병을 치료하는 R:GEN

에너지 디바이스, 스킨 타이트닝, 바디 쉐이핑 등 루트로닉의 직접적인 시장 규모는 세계적으로 약 3조원 정도다. 경쟁사들은 나스닥에 상장돼 있으며 2016년 에스테틱 시장의 활발한 M&A 추세로 유수의 경쟁사 여러 곳이 인수·합병된 상태이다. 하지만 루트로닉은 글로벌 대기업의 계열사가 되기보다는 글로벌 기업과 경쟁하여 최고의 자리에 오르겠다는 목표로

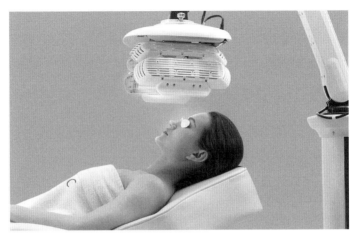

다파장 LED 의료기기 "힐라이트"로 치료 중인 모습

에스테틱뿐만 아니라 안과까지 그 사업 영역을 확대하는 전략으로 경쟁 우위를 가져가고 있다.

안과는 루트로닉이 준비하고 있는 미래 핵심 사업 분야이다. 안과의 경우도 레이저의 기본 원리를 바탕으로 한 국내 최초의 망막 치료 레이저 'R:GEN'을 개발했다.

우리 눈의 구조를 보면 가장 바깥층에 눈의 형태를 유지시켜주는 공막이 있고, 공막의 앞쪽에 투명한 각막이 위치하며, 안구의 가장 안쪽에 시신경이 분포하는 망막이 있다. 망막 중에서도 가운데 쪽 들어가 있는 부분이 황반이며, 이 부분을 확대해서 보면 더 많은 빛을 흡수하기 위한 무혈관층이 있는 것을 볼 수 있다. 이 황반을 포함한 망막을 각 층으로 나누어 보면 가장 위에 광수용체Photoreceptor가 있고 그 아래에 망막색소상피층Retinal Pigment Epithelium, PRE이 있다. 광수용체는 빛을 받아들여 밝음, 어두움 및 색상 등을 구별해주는데 정상 상태에서 10일에 걸쳐 재생을 반복한다. 광수용체가 새로 자라기 위한 영양분을 공급하고 죽은 광수용체 찌꺼기를 밖으로 빼내는 역할을 해주는 것이 바로 망막색소상피층이다. 쉽게 말하면 후방 지원 역할을 한다고 볼 수 있다. 그런데 이 망막색소상피층이 제 역할을 못하면 눈에 문제가 생긴다. 즉 시세포의 50%가 밀집되어 시각을 형성하는 데 중요한 역할을 하는 황반 부위에 문제가 생기면 시력 저하는 물론 중심 시야에 암점이 생기거나 변형이 생길 수 있다.

루트로닉의 'R:GEN'은 이렇게 노화나 질병으로 인해 문제가 생긴 망막색소상피층을 치료한다. 문제가 되는 망막색소상피층만을 타깃으로 하는 레이저를 눈에 쏴 선택적으로 손상을 시켜, 이후 망막색소상피층이 재생하면서 건강한 세포들로 채워지는 원리이다. 이 과정에서 이전에 상용화된 타사의 망막 치료 레이저와는 달리 망막의 다른 층에는 전혀 손상을 주지 않은 채, 황반변성을 안전하게 치료할 수 있고 시술 시

통증이 전혀 없음은 물론, 회복 뒤에도 암점 등 부작용을 남기지 않는다는 장점이 있다.

관련 질환으로는 중심성장액맥락망막병증Central Serous Chorioretinopathy, CSC, 당뇨병성 황반부종Diabetic Macula Edema, DME, 연령관련황반변성Age-related Macular Degeneration, AMD 등이 있으며 이중 CSC로 한국MFDS, 유럽CE, DME로 한국MFDS, 유럽CE, 미국FDA, AMD로 유럽CE에서 허가를 받았다. 유럽에서는 CSC, DME, AMD 등 세 가지 모두 치료가 가능한 의료기기로 승인을 받았으며, 나아가 AMD에 대해서 미국 판매 승인을 받기 위해 전임상을 진행 중에 있고, 호주에서도 탐색 임상(2상) 시작을 위한 준비를 마쳤다. 아울러 2020년 CSC와 DME에 대한 논문이 발표될 예정이다.

루트로닉은 국내 1위에 안주하지 않는다. 다년간의 기술 개발을 끝내고 상용화를 앞둔 국내 최초의 망막 치료 레이저 'R:GEN'으로 다시 한 번 세상을 놀라게 할 준비를 하면서 황반 질환 치료를 기다리고 있는 환자들에게 희망을 전달하고 있다.

뚝심으로 이룩한 선진국과 어깨를 나란히 하는 꿈

미국 예일대학교 경제학과 출신인 황해령 대표는 대학을 졸업하고 처음에는 미국에 자리를 잡았다. 발명가인 할아버지의 영향을 받아 유년 시절부터 만드는 것을 좋아했던 황 대표는 대한민국을 사랑하는 이민자 1세대로 자랐다. 그가 전자공학을 전공하다 경제학으로 전공을 바꾼 것은 기술자에서 사업가로 성장한 전환점이 되었다. 황 대표는 대학 재학 당시 학교 기숙사에 태극기를 걸어놓고 지냈고, 세계 선진국과 어깨를 나란히 하는 대한민국을 꿈꿨다.

대학 졸업 후 레이저사업을 영위하는 기업에 입사하여 의료용 레이저기기 시장에 눈을 뜬 그는 미국 레이저기기 기업의 아시아 지역 마케팅 담당 부사장까지 올랐으나 돌연 귀국을 결정했다. 학창 시절부터 가지고 있던 꿈을 이루기 위해서였다. 그 꿈은 많은 사람들에게 아름다움과 기쁨을 줄 수 있는 기기를 만들고, 자신의 경험과 노하우를 고국에서 발휘하기 위해서였다.

하지만 창업을 시작한 초창기는 쉽지 않았다. 1997년 창업 직후 IMF 외환위기가 찾아왔고, 급격하게 위축된 경기는 회사

루트로닉의 주요 제품들

부담으로 돌아왔다. 결국 자본금이 바닥나 아파트를 팔고 기술보증기금의 지원을 받고 나서야 기사회생(1997년)하여 첫 제품을 출시하는 데 성공했다. 하지만 제품의 생산만으로는 사업이 본궤도에 오르지 못했다. 당시에는 국산 장비를 구매하려는 의사가 없었고, 이는 어쩌면 당연한 현상이었다. 이를 타개하기 위해 2인승 지프차를 타고 제품 시연과 A/S를 직접 다니는 뚝심으로 마침내 국내 의사들의 마음을 얻을 수 있었다.

그렇게 국내 의료용 레이저기기 시장 1등이 되었고, 이에 그치지 않고 글로벌 시장 진출을 동시에 진행했다. 처음 수출을 시도한 곳은 대만이었다. 한국 제품이라고 하니 이메일을 보내도 답변이 없었지만 멈추지 않고 적극적으로 연락한 끝에 "한번 보자"라는 답변을 받을 수 있었다. 실제로 만나 장비를 확인한 의사의 만족스러운 반응으로 수출에 대한 자신감을 얻을 수 있었다. 그렇게 수출이 시작되었고, 지금은 전 세계 65개국에 루트로닉의 장비가 수출되고 있다. 세계 시장의 절반을 차지하는 미국에서도 유명 피부과 원장들이 루트로닉의 장비를 애용하고 있다.

루트로닉은 그간 주문자 상표 부착 생산OEM 요청이 여러 차례 있었지만 글로벌 기업에 종속될 우려 때문에 자체 브랜드를 고집해왔다. 지금까지 개발한 루트로닉의 제품들은 국내외적으로 치료 효능을 인정받아 현재까지 관련 논문만 325여 편이 임상 발표되었고, 매년 평균 40여 회 이상의 학회도 진행하고 있을 정도로 세계적으로 저명한 전문의들과 다양하고 탄탄한 네트워크를 보유하고 있다.

세계 최고의 기업을 만들기 위해

루트로닉은 직원들과 함께 성장할 수 있는 회사, 개개인의 가치를 높이는 회사, 최고의 사람들이 함께 일하는 회사라는 미

월례 조회L-Together를 진행 중인 루트로닉 황해령 대표와 임직원들의 모습

션을 가지고 있다. "모든 것은 결국 사람이 만들어 낸다"라는 이념으로 직원들의 행복을 위해 노력하는 철학이 회사 곳곳에 묻어난다.

루트로닉 사옥의 전망 좋은 최상층에는 식당 'CAFÉ-L' 이 있으며, 회장의 집무실은 한 층 아래에 있다. 대표가 직원들을 받든다는 철학으로 가장 좋은 뷰를 누릴 수 있는 곳에서 전 직원이 식사를 즐길 수 있도록 세심하게 배려한 부분이다. 또한 임직원의 건강을 위해 유기농 현미밥과 로컬푸드로 이뤄진 저염식 식단을 제공하며, 전 직원에게 삼시 세끼를 제공하여 식사를 거르지 않도록 하고 있다. 아울러 사내에는 헬스

클럽을 운영하고 있다. 옥상에 갖춰진 바비큐 파티 시설은 직원들의 단합과 화합을 위한 장소로 사용된다. 그 뿐만이 아니다. 루트로닉은 미화, 조리, 시설 관리 등 대부분의 기업들이 용역 형태로 두고 있는 직군도 직접 고용하며 직원들의 고용 안정에도 힘쓰고 있다. 이와 같은 노력으로 2019년에는 대통령이 표창하는 대한민국 일자리 으뜸 기업에 선정된 바 있다.

황해령 대표는 매일 한 걸음 한 걸음 목표를 향해 꾸준하게 걷다 보면 어느새 그 목표에 도달하게 된다는 철학을 가지고 있다. 또한 높은 목표를 세워 도달하는 데 그치지 않고 이를 지속 가능하도록 만들어야 한다고 강조한다. 그는 100년이 지나도 훌륭한 기업이 좋은 기업이며, 루트로닉이 미국의 존슨앤존슨처럼 성장하기를 꿈꾼다. 그러기 위해서는 세계 최고의 제품을 보유하고 있어야 하며, 그런 제품을 만들기 위해 일하기 좋은 회사를 만들어야 한다고 생각한다. 루트로닉이 더 크게 성장하려면 기술력 있는 제품이 뒷받침되어야 하며, 이를 통해 새로운 치료법이 개발되어 많은 환자에게 제공할 수 있어야 한다. 현재의 루트로닉은 의료용 레이저기기 분야 세계 1등 기술력을 보유한 기업이라 감히 자부할 수 있다.

❝ 매일 한 걸음 한 걸음 목표를 향해
꾸준하게 걷다 보면
어느새 그 목표에 도달하게 된다. **❞**

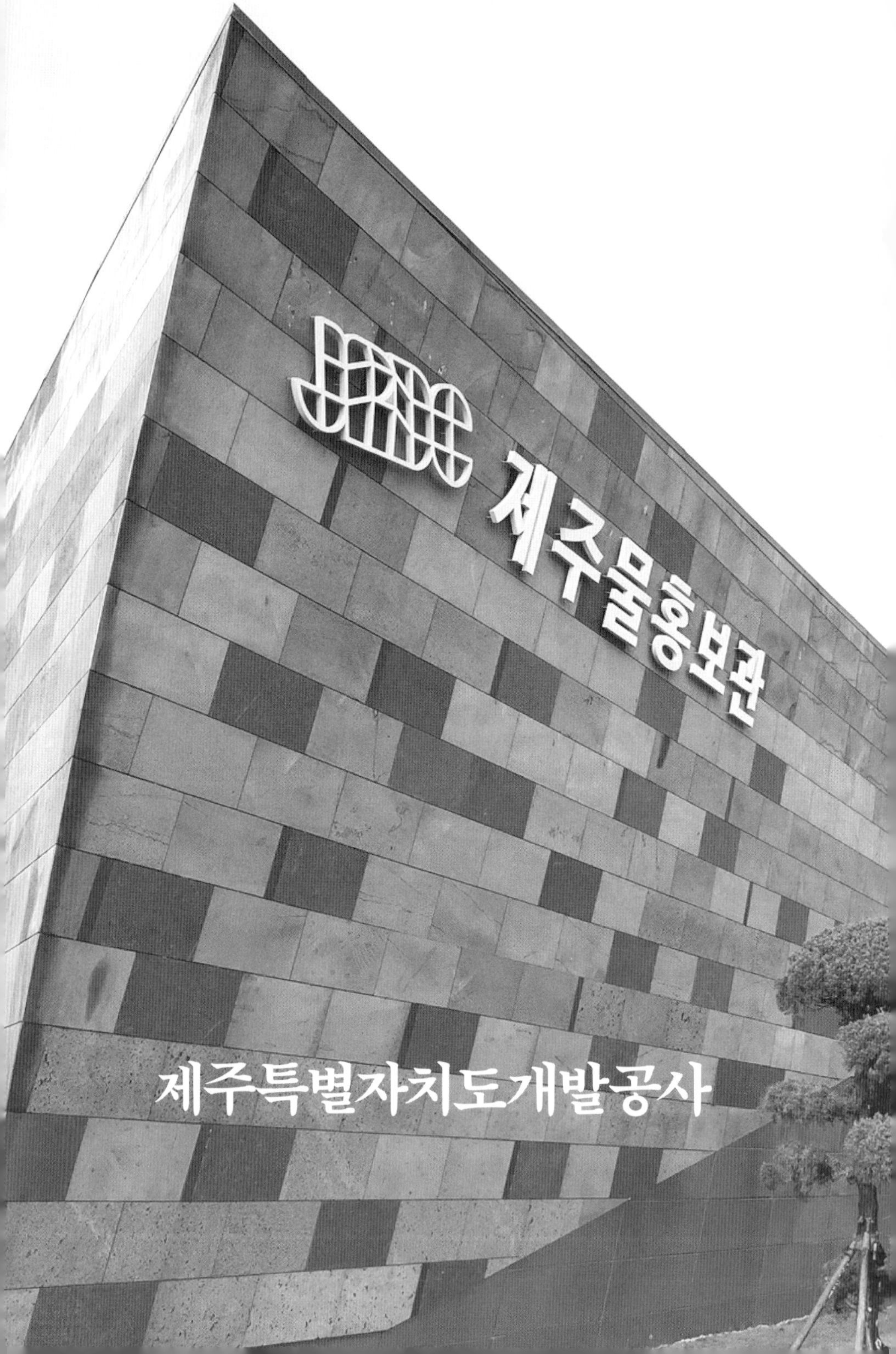

제주특별자치도개발공사

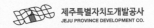
제주특별자치도개발공사

연혁

1995	제주개발공사 설립 등기 완료
1998	먹는샘물 공장(제주삼다수 공장) 준공
1998	먹는샘물 '제주삼다수' 출시
2001	제1감귤 가공공장 완공
2003	제2감귤 가공공장 완공
2004	(재)제주삼다수재단 설립
2005	제주삼다수 감귤주스 출시
2007	공사 사명 변경(제주특별자치도개발공사)
2008	제주삼다수 증산 설비 도입
2010	서울 G20 정상회의 제주삼다수 후원
2015	제주 최초 일반 산업단지 조성
2016	제주삼다수 미국 LPGA 투어 공식 먹는샘물 지정
2016	소규모 지방 학사 '탐라하우스' 운영
2017	수권 자본금 5,000억 원 증자
2017	제주 아라 행복주택 기공식
2018	유네스코와 파트너십 협정 체결
2018	공공임대주택 통합 브랜드 '마음에온' 론칭
2018	'자원 순환의 날' 국무총리 표창 수상
2019	신규 생산라인 L5 준공식
2019	'iTQi 국제 우수 미각상' 3STAR 2년 연속 수상
2019	환경성적 표지 인증
2019	유엔 글로벌 콤팩트 가입
2020	유네스코 물박물관 글로벌 네트워크 가입

제주특별자치도개발공사
JEJU PROVINCE DEVELOPMENT CO.

| 2020
슬로건 | • | JPDC 2020!
함께하는 우리!   변화하는 우리! |

2020
경영방침 •

스피드 경영　준비경영　상생경영　투명경영

2020
경영목표 •

| 매출액
3,138억원 | 순이익
670억원 | JPDC CSI
89.0점 | 안전사고
0건 |

창립 25주년, 미래 25년을 위한 초석 마련

제주의 성장 발전을 이끄는 글로벌 창의기업 제주특별자치도 개발공사가 올해로 창립 25주년을 맞았다. 공사는 개발 사업을 주도할 사업 주체로서 제주의 천혜자원인 청정 지하수를 국내 최고의 생수로 만들어 제주의 청정 브랜드 가치를 크게 키웠으며, 이를 필두로 감귤 가공 사업, 지역 개발 사업, 인재 지원 사업, 연구 개발 사업 등에 매진하고 있다.

공사는 올해 경영 슬로건으로 '함께하는 우리, 변화하는 우리'를 선정했다. 조직 역량과 성과를 제고하고 최고의 품질로 고객 만족을 추구하는 공사의 도민·국민과의 약속이 함축된 메시지를 토대로 글로벌 경쟁력 확보, 미래 성장 주도, 사회적 가치 실현에 나설 계획이다.

공사는 2020 전략 과제로 글로벌 브랜드 기반 확립, 제주 자원 성장 가치 창출, 공익적 개발 사업 확대, 스마트 경영 체제 구축, 창의적 조직 역량 강화를

제주삼다수

통한 제2의 도약을 꿈꾼다.

이를 위해 공사는 ▲ JPDC형 사회적 가치 체계 및 지속 가능한 경영 관리 체계 구축 ▲ 제주삼다수의 지속 성장을 위한 사업 경쟁력 강화 ▲ 제주의 공익적 가치 실현을 위한 미래 성장 역량 강화 등 크게 3가지에 역점을 두고 있다.

세부적으로 JPDC형 사회적 가치 체계 및 지속 가능한 경영 관리 체계 구축은 우선 도민 참여, 체감형 사회 공헌 사업 발굴은 물론 상생 협력 생태계 조성, 재난·산업 안전 통합 관리 체계 강화, 친환경 경영 체계 확산 및 연구 확대, 신뢰의 기업 문화 조성, 주민·고객 경영 참여 소통 강화 등의 촘촘한 사회적 가치 실현을 추구한다는 내용이다.

제주삼다수의 지속 성장을 위한 사업 경쟁력 강화는 안정적 생산 및 품질 체계 확보는 물론 2025년까지 스마트팩토리 구축 기반 마련, 마케팅·홍보 경쟁력 강화를 주요 내용으로 한다.

제주의 공익적 가치 실현을 위한 미래 성장 역량 강화는 2025년까지 2,000호를 공급하는 수요 맞춤형 공공개발 사업을 추진하고 관리 생태계를 조성한다는 공사의 의지를 담고 있다. 여기에 수자원 관리 및 연구 강화, 제주감귤의 가치 보호를 위한 감귤 가공공장 운용 효율 개선 내용이 포함된다.

새로운 물 문화 창출에 앞장

제주의 수자원을 활용해 수익을 창출하고 있는 제주특별자치도개발공사는 사기업이 할 수 없는 물 보존 정책과 더불어 새로운 물 문화 창출에 앞장서고 있다.

2018년 유네스코 파리 본부와 파트너십을 체결하고, 2023년까지 국제 수리 지질, 글로벌 지질공원, 제주물 세계 포럼 협력을 통한 수자원의 합리적 보호와 지속 가능한 관리 활동에 적극 협력하기로 뜻을 모았다.

이에 따라 공사는 지구과학 분야의 연구와 역량 강화를 지원하는 유네스코의 국제 지구과학 및 지질공원 프로그램IGGP에 매년 10만 달러를 지원하고 있다. 물 부족 문제에 직면한 국가들을 대상으로 한 연구 협력 사업을 발굴·지원함으로써 유엔과 유네스코가 지향하는 물 안보와 지속 가능한 발전에 힘을 보태는 것이다.

유네스코와 국제지질학연합IUGS의 합작 이니셔티브인 국제 지구과학 프로그램IGCP은 1972년 출범 이후 150개국 500여 개 과학 연구 프로젝트를 지원해왔다. 유네스코 세계 지질공원 프로그램 또한 유네스코와 세계 지질공원 네트워크GGN의

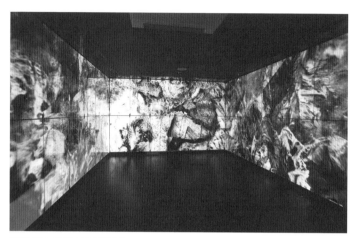

제주삼다수 견학로 홍보 영상관

합작 이니셔티브다.

이 프로그램을 통해 공사는 전 세계 지구과학자들의 활동을 지원함으로써 국가 차원의 지구과학 역량 강화에 기여할 뿐 아니라 세계 지질공원이 전 세계에 걸쳐 고르게 확산될 수 있도록 적극 지원할 방침이다. 공사의 지원으로 지금까지 지구의 지질 자원 특히 수자원과 관련된 16개의 프로젝트가 진행됐고, 133개 회원국 4,000여 명의 과학자들이 혜택을 받았으며, 특히 개발도상국의 젊은 과학자, 여성 과학자들이 다양한 연구 활동을 진행할 수 있었다.

2019년 제주물 세계포럼에서 이 같은 성과를 발표한 유네스코의 필립 페이파르트Dr.Philippe Pypaert 박사는 "자국이 아닌 지역에 대한 지원은 제주특별자치도개발공사가 유일하다"라고 말하며, "이는 인류 공동의 미래에 대한 투자"라며 그 의미를 강조했다. 또 제주삼다수의 수익금이 지속 가능한 개발 목표의 달성에 기여하는 것은 넓은 의미에서 자원의 가치가 사회 기여로 이어지는 선순환 체계를 구축하고 있는 것이라고도 말했다.

공사는 2020년 우리나라에서는 처음으로 '유네스코 물 박물관 글로벌 네트워크UNESCO the Global Network of Water Museums'에 가입하며 전 세계가 직면한 '물 위기' 극복 및 새로운 물 문화 창출에 동참하게 됐다. 유네스코 물 박물관 글로벌 네트워크는 세계의 귀중한 유산인 수자원에 대한 인식 제고를 위해 2017년 결성된 비영리 단체다. 회원들의 활동을 통해 직면한 물 부족 및 식수 위생에 대한 근본적 해결을 모색하며 유엔의 지속 가능 개발 목표SDGs의 여섯 번째 목표인 '물과 위생' 달성에 기여하는 것이 미션이다. 현재 이탈리아와 영국, 중국 등을 비롯해 28개국 52개소가 가입돼 있으며, 우리나라에서는 '제주 물 홍보관'이 처음으로 글로벌 네트워크 연합 회원으로 가입하게 됐다.

제주 물 홍보관은 공사가 제주 물의 우수성을 알리기 위해 2012년부터 제주시 교래리에 위치한 제주삼다수 본사에서 운영하고 있다. 2018년부터는 제주삼다수의 제조 과정을 직접 볼 수 있는 '스마트 팩토리' 견학 코스를 함께 운영하며 제주의 대표적인 학습 관광 스팟으로 자리매김했다.

유네스코의 물 박물관 글로벌 네트워크 가입에 따라 공사는 전 세계 물 박물관들과 연계해 보호해야 할 자원으로서 물의 가치를 홍보하고, 물과 관련한 자연유산, 문화유산에 대한 개인의 인식 변화에 앞장서며, 보다 책임감 있는 물 사용과 오염 예방 활동을 병행하게 된다.

이와 함께 글로벌 네트워크에서 지속 이용 가능한 자원으로서의 물 연구 및 교육을 위해 개최하는 국제 컨퍼런스를 통해 제주삼다수로 대표되는 제주 물의 우수성과 가치를 전 세계에 홍보하며 유네스코 자연유산 3관왕을 달성한 제주의 위상을 더욱 높인다는 계획이다.

아울러 공사는 인구 증가와 기후 변화로 인해 물 부족이 발생하는 국가의 수자원 문제 해결에 기여하는 국제 사회공헌 활동도 전개하고 있다.

또 매년 10월 유네스코 아시아-태평양 본부와 함께 '제주

물 세계포럼'을 개최하며 제주 수자원 보호를 위한 국제적 협력을 모으고 있다. 2018년에는 '물과 건강'을 주제로, 2019년에는 '화산섬의 지하수 보전과 활용'을 주제로 국내외 수자원 전문가 300여 명이 참석한 가운데 열렸다.

상생을 통한 발전

제주특별자치도개발공사는 국내 소공인과의 상생, 발전을 통해 제주삼다수 내 가공 부품의 45%를 국산화하고, 제주삼다수의 물류 체계 혁신을 통해 도내 운송업계와의 동반 성장을 도모하고 있다. 상생 협력을 통한 사회적 가치 실현이 실질적인 경제적 이익을 얻는 가장 바르고 빠른 길이라는 점을 상기시켜 지방 공기업의 상생 및 혁신 사례로 선정되기도 했다.

공사는 제주삼다수 공장에서 사용되는 해외 부품의 제작 원가 상승 및 2개월에 달하는 납기 소요일 등의 문제를 해결하기 위해 2016년부터 삼다수 공장 가공부품의 국산화 사업을 추진해왔다. 이를 위해 숙련된 장인 기술을 보유한 문래동 소공인과 원가 절감을 위한 공정 개선 및 신기술 개발을 추진하며 협력활동 성과를 나누는 성과 공유제 방식을 도입했다.

그 결과 외산 부품의 45%를 국산화하는 데 성공했고, 문래 동 소공인은 연간 5억 원의 고정 매출을 확보해 안정적인 사업을 이어갈 수 있는 기반을 마련했다. 뿐만 아니라 일대일 직접 거래를 통해 납품 구조를 개선했고, 기술 교류 활성화 등을 통해 기업 경쟁력을 강화했다.

또한 5억 원 상당의 부품원가 절감 효과를 얻었으며, 납품 기일 역시 기존 60일에서 20일로 3배 가까이 단축시키는 성과도 거뒀다. 공사는 2023년까지 가공부품의 국산화율이 70%에 달할 것으로 기대하고 있다.

이와 함께 제주삼다수의 물류를 담당하는 운송기사와의 직접 계약을 추진해 지역 운송기사 수입이 10%가량 상승한 점도 지방 공기업 상생 발전 사업의 대표적인 성과로 손꼽히고 있다.

경영 수익 45% 지역사회 환원

제주특별자치도개발공사는 지역개발 사업과 공익 사업 등 도민을 위한 다양한 사업을 전개하고 있다. 지금까지 2,547억 원을 환경, 사회, 인재 육성, 복지 향상 등 도민 전체의 이익을 위한 공익 사업에 아낌없이 지원했고, 2019년까지 1,153명의 장학생에게 25억 원이 넘는 장학금을 지급하며 인재 육성에도 나서고 있다.

전사적이고 체계적인 사회공헌 사업 추진을 위한 협업 조직을 구성해 운영 중이며, 공정성과 투명성 제고를 위해 사회공헌 사업의 프로세스 개선 및 외부 전문가를 포함한 CSR 심의위원회를 월 1회 운영하며 공신력 높은 사회공헌 사업을 이어나가고 있다.

도내 공기업에서는 처음으로 주민참여 예산제를 시행하고 있는 공사는 도민 체감형 사회공헌 사업 모델 발굴을 통한 기업의 사회적 가치 실현을 위해 '제주삼다수 Happy+(해피플러스)' 공모 사업을 진행했다. 54개 단체·기관에서 제안한 57건의 사업을 심사해 아동·청소년과 여성, 노인, 장애인, 다문화·한부모 가정 등 복지 사각지대 문제 해결을 위한 16개 사업에 3억 원을 지원했다.

소셜 벤처 육성 통해 환경오염 문제 해결까지

제주특별자치도개발공사는 'JPDC 창의사업 아이디어 공모

전'을 통해 환경 문제 해결을 위한 소셜 벤처를 육성, 지원하는 일에도 참여하고 있다. 제품을 플라스틱 용기에 담는 특성을 감안해 환경 보호를 위한 창의 지원을 지역 밀착형 사회가치 구현의 중심에 두고 있는 것이다.

JPDC 창의사업 공모전은 해를 거듭하며 진화하고 있다. 2019년 사업화 지원대상은 환경 보호 중에서도 플라스틱 분야에 집중했다. 지원대상 선정 과정에 도민과 전문가를 참여시켜 선정 사업의 실효성과 성공 가능성도 높였다. 공모전 방식을 생활 속 사회 문제에 대해 시민이 아이디어를 내고 지역사회와 지자체가 협력해 해법을 도출하는 리빙랩Living-Lab 방식으로도 개선했다.

친환경 경영, 경영 전략 최우선으로 전진 배치

제주특별자치도개발공사는 친환경 경영 중장기 전략을 수립하고 세부 과제로 '친환경 경영 TOP 10'을 설정, 경영 활동 전 과정에서 환경적 요소를 최우선으로 두며 환경 측면의 지속 가능성을 제고하고 있다.

먼저, 공사는 다 마신 삼다수병이 새로운 자원으로 이어질

제주 삼다수 친환경 경영 TOP 10

※ 환경성적표지 인증서(환경성적표지 인증)

환경성적 환경부 www.epd.or.kr
EPD KOREA www.epd.or.kr

제주삼다수 4종 (330mL, 0.5L, 1.5L, 2.0L)

1	공병	2017년 10월 단일 재질 무색 병 전환
2	라벨	재활용이 용이하도록 1998년부터 비중 1 미만의 합성수지 재질 적용
3	마개	재활용이 용이하도록 1998년부터 비중 1 미만의 합성수지 재질 적용
4	접착제	2018년 8월 라벨이 쉽게 분리되도록 개선
5	라벨분리	2019년 10월부터 라벨을 쉽게 분리 할 수 있도록 라벨 끝 부분에 분리표시
6	페트 경량화	2018년 5월 0.5L 무게 1.5g 감량
7	재활용 우수 등급	2020년 1분기 0.5L 재활용 우수등급 先 획득
8	페트병 자동수거 보상기	2018년 10월부터 페트병 자동수거 보상기 시범 설치 사업 진행
9	탄소발자국 인증	2018년 12월 탄소발자국 인증 취득
10	환경성적 표지인증	2019년 9월 환경성적표지 인증 취득

제주삼다수 친환경 경영 TOP 10 인포그래픽

수 있도록 페트병의 재활용성을 높이는 데 초점을 맞췄다. 현재 폐플라스틱의 재활용 비율이 30% 정도로 저조한 만큼 이를 개선한다면 플라스틱이 새로운 자원으로 재탄생할 수 있다고 판단한 것이다.

이를 위해 삼다수병의 제품 몸체를 단일 재질의 무색 페트병으로 전환하고, 라벨을 부착할 때 쓰는 접착제를 물에 잘 분리되는 열알칼리성으로 교체했다. 라벨과 마개는 삼다수 생산 초기부터 재활용 과정에서 분리가 용이한 비중 1 미만의 합성수지 재질을 사용하고 있기 때문에 재활용이 보다 용이해지는 결과를 얻을 수 있었다.

최근에는 소비자가 올바른 분리 수거에 동참할 수 있도록 제품 라벨에 분리 표시를 적용한 에코 라벨도 도입했다. 라벨 분리 표시는 소비자들이 삼다수 페트병을 분리 수거하기 전에 직접 라벨을 손쉽게 떼어낼 수 있도록 접착 부분에 절취선을 적용한 에코 라벨이다. 표시 부분은 접착제가 도포되지 않아 해당 부분을 잡아당겨 손쉽게 라벨을 떼어낼 수 있다.

더 나아가 제품 경량화를 통해 직접적인 플라스틱 사용량 감소 효과도 보고 있다. 2018년 500ml 페트병의 무게를 1.5g 줄이는데 성공해 752톤의 플라스틱 폐기량을 줄이는 성과를 거뒀다.

공사의 이 같은 노력 끝에 제주삼다수는 최근 한국환경공단의 포장재 재질구조 평가에서 '재활용 우수등급' 인증을 획득하는 성과를 거뒀다.

삼다수를 생산하는 과정에서도 환경 영향을 최소화하기 위한 노력을 이어가고 있다. 2018년 제품 생애주기 전 과정에서 직간접적으로 발생되는 온실가스 배출량을 한눈에 볼 수 있도록 표시하는 탄소발자국 인증을 획득한 데 이어 2019년 환경성적표지 인증 취득에 성공했다. 환경성적표지EPD, Environmental Product Declaration는 탄소발자국, 자원발자국, 오존층 영향, 산성비, 부영양화, 광화학 스모그, 물발자국 등 7개 환경성 지표를 종합한 통합 인증이다. 제품이 환경에 미치는 영향을 투명하게 공개해 소비자들이 환경을 고려한 구매를 할 수 있도록 가이드를 제공하는 것이다. 환경성적표지 인증 중 하나인 탄소발자국은 생산에서 소비, 폐기에 이르기까지 제품의 전 과정에서 직간접적으로 발생하는 온실가스 배출량을 한눈에 볼 수 있도록 표시하는 제도다. 더 나아가 기업의 노력을 통해 제품의 온실가스 배출량을 절감하도록 유도하여 저탄소 소비 문화 확산에 기여하고자 도입된 것으로, 친환경 경영을 실천하고 있는 제주삼다수의 노력의 증표이기도 하다.

이번 인증을 통해 제주삼다수는 제품에 대한 환경 영향력을 투명하게 공개함으로써 지속적인 환경 개선 유도와 환경 신뢰성이 우수한 친환경 제품으로 우뚝 서게 됐다.

공사는 앞으로도 제품이 환경에 미치는 영향을 투명하게 공개해 지속적인 환경 개선에 동참하고 환경 신뢰성이 우수한 친환경 제품이라는 이미지를 확산시킬 계획이다.

지역사회 환경 문제 해결도 창의적으로 접근

제주특별자치도개발공사는 자원 순환성을 높인 친환경 제품을 생산하는 동시에 제주가 당면한 플라스틱으로 인한 환경 문제를 도민, 관광객과 함께 해결하기 위한 노력도 이어가고 있다.

세계적인 여행지로 발돋움한 관광 제주도가 쓰레기로 몸살을 앓고 있는 현실에 주목해 주요 관광지와 제주 공항 등지에서 '페트병 자동수거 보상기 사업'을 진행 중이다.

이 사업은 음료를 마신 후 페트병이나 캔을 페트병 자동수거 보상기에 넣으면 참여한 사람에게는 포인트가 적립되고,

페트병 자동수거 보상기 사용 모습

분리수거된 캔과 페트병은 1/10 크기로 압축돼 재활용 처리 비용을 대폭 줄이는 효과를 볼 수 있다. 실제 2018년 사단법인 올레와 함께 주상절리와 외돌개, 사려니 숲길, 정방 폭포 등 주요 관광지 네 곳에 페트병 자동수거 보상기를 운영한 결과 6,000여 명이 참여해 2만 개 넘는 재활용품을 수거할 수 있었다.

이 같은 결과를 바탕으로 2019년 하반기부터는 제주 공항과 제주시 하나로마트, 제주대학교 캠퍼스로 운영 범위를 확대했다. 세 곳 모두 여행객, 도민 등 유동인구가 많고 캔이나 페트병 같은 재활용 가능한 쓰레기가 많이 배출돼 보상기 운영 효과를 톡톡히 볼 수 있는 곳이다.

글로벌 기업 시민의 책임감

제주특별자치도개발공사는 기업 활동에 사회, 환경, 기업지배구조 관련 원칙(ESG 원칙)을 적용하도록 권장하는 유엔 글로벌 콤팩트에 가입하며 글로벌 기업 시민으로서의 사회적 책임 활동을 다하겠다는 의지를 표명했다.

유엔 글로벌 콤팩트United Nations Global Compact, UNGC는 전 세계 기업들이 지속 가능한 사회적 책임을 지는 기업 운영의 정책을 채택하고, 그 실행을 국제기구에 보고하도록 장려하는 유엔 산하의 자율기구다.

공사는 UNGC 가입으로 인권과 노동 기준, 환경, 반부패

제주개발공사 '유엔 글로벌 콤팩트' 가입 증서

등 4대 분야의 10대 원칙을 준수함으로써 기업의 사회적 책임을 다하기 위한 중장기 전략 및 기업 활동을 추진하고 있다. 매년 UNGC에 이행 실적을 제출하는 등 공사의 다양한 활동을 국제 사회에 공개하여 기업 시민으로서의 사회적 책임 활동을 강화해 나갈 계획이다.

2020 세계를 품다

초판 1쇄 2020년 5월 15일

지은이 글로벌 리더 선정자 15인
출판 기획 및 엮은이 서희철
펴낸이 서정희
책임편집 정혜재
디자인 제이알컴
마케팅 신영병 김형진 이진희 김보은

펴낸곳 매경출판㈜
등 록 2003년 4월 24일(No. 2-3759)
주 소 (04557) 서울시 중구 충무로 2 (필동1가) 매일경제 별관 2층 매경출판㈜
홈페이지 www.mkbook.co.kr
전 화 02)2000-2641(기획편집) 02)2000-2636(마케팅) 02)2000-2606(구입 문의)
팩 스 02)2000-2609 **이메일** publish@mk.co.kr
인쇄·제본 ㈜ M-print 031)8071-0961
ISBN 979-11-6484-122-6 (03320)